1人分ずつ、好きなときに食べられる

温めなおしても
おいしいごはん

堤　人美

JN069332

はじめに

毎日でき立ての晩ごはん、食べていますか？

夫婦や家族でいっしょに食卓を囲んだり、
作りたてをゆっくり味わう時間。
理想としていても、いそがしさの中で実現するのは、
けっこうむずかしい。

仕事で遅くなったり、会食の予定、子どもの塾通い……など、
平日は帰ってからごはんを作る時間がなかったり、
みんながばらばらに食べることが、
かえって日常になっていたりします。

「夫や子どもが、一人で温めなおして食べられるメニューを教えて」
「留守にするとき、カレー以外のレパートリーがないんです……」
「遅くなる日も、手作りの温かい料理が食べたい！」
そんな、いそがしい人たちの声にこたえて、この本は生まれました。
夜寝る前や、朝出かける前、週末の午後など……、
限られた時間に無理なく作れる、温めなおしに適したおかずを紹介しています。
加えて、おいしく食べるための「温め方」もていねいにアドバイス。
安心して料理を保存できます。

温めなおしでも、できたてと変わらないおいしさに、
自分も家族もきっと笑顔になれるはず。

いそがしい日も、遅くなる日も、手作りのおいしさに満たされる
「温めなおしてもおいしいごはん」。
あなたの負担を軽くして、同時に気持ちも豊かにしてくれる、
そんな存在になればうれしいです。

CONTENTS

◎この本の統一表記について

・大さじ1は15mℓ、小さじ1は5mℓ、1カップは200mℓです。1ccは1mℓです。

・フライパンは特に記載のない場合、直径26cmのものを使用しています。

・電子レンジの加熱時間は600Wのものを基準にしています。500Wの場合は1.2倍を、700Wの場合は0.8倍を目安に加熱時間を調整してください。なお、機種や容器によって多少異なる場合もあります。

※レンジ加熱後に取り出すときは、容器が熱くなっているので、気をつけてください。

・材料表に出てくるだし汁は、昆布とかつお節でとったものを使用しています。市販のだしの素を使う場合は袋の表示どおりに湯で溶いて使います。

・オーブントースターの焼き時間は目安です。様子をみながら加熱してください。

・落としぶたは、アルミホイルや厚手のペーパータオルを、鍋またはフライパンの直径に合わせて切ったものを使っています。

この本の特徴と使い方

この本では、それぞれのメニューに料理を保存する方法と、家族がおいしく温めなおすためのメモなどを載せています。いそがしいときにパッと見て料理の流れがわかるよう、プロセスカットも充実。ぜひ参考にしてください。

❶ 調理時間・日もち・熱量・塩分

調理時間と料理の日もち（冷蔵または冷凍）、熱量と塩分を表示しています。熱量には添える用のご飯・麺などのカロリーは含まれていないので、ご飯茶碗1杯分（約150g）252kcalをたして、1食分の目安と考えてください。

❷ 初めにしておくこと

使う材料ごとに「切る」「下味をつける」などの下準備を個条書きで説明しています。それぞれの材料ごとに必要な作業が、すばやく理解できます。

❸ 作り方のプロセス写真

調理の工程を2～3ステップで写真つきで説明しています。料理をする前に手順を頭に入れるのに役立つほか、作りながら火の通りかげんなどの状態を確認できます。

❹ 保存・食べ方をアドバイス

作った料理をどうやって保存しておくかを説明。時間が経過しても安全においしく、そして簡単に食べられるような方法を提案しています。

❺ あたたメモ

保存した料理を、おいしく温める方法をきめ細かくアドバイス。メニュー名も表示しているので、晩ごはんについて家族に説明したり、メモを作る時間がないときも、写真に撮って送るだけでOK。急いでいる日に便利です。

Part.

1

前日の夜に作る
主役級煮もの

晩ごはんの後や、おやすみ前の
ちょっとしたあき時間を利用して。
一晩ねかせてもおいしい煮ものやシチューなら、
安心して前日から用意できます。

「主役級煮もの」
って、便利。

鍋やフライパンに材料を次々に入れて煮るだけ。
煮ものやシチューは、素材の組み合わせを工夫すれば、
一品でたんぱく質も野菜もしっかりとれるメインのおかずになります。
ねかせておいしく、温めなおしにも強いので、
翌日食べるのに最適。白いご飯にかければ、ボリューム満点の
ワンプレートメニューになるものも数多くあります。
一人の夕食はパパッとすませたい、
というときにもぴったりです。

温めなおし用「主役級煮もの」のポイント

時間がたっても
おいしい

煮ものはさめていく過程で素材に味がしみ込むため、翌日のほうがかえっておいしくなることも。まさに温めなおしにはぴったりのメニュー！どれも冷蔵庫で2〜3日保存できます。

手軽に、
たっぷり作れる

夜、疲れていても負担なく作れるように、調理器具やプロセスをできるだけシンプルにしています。作りやすい量が基本的に2〜3人分と少し多めなので、一回の調理でしっかりストックできます。

Point

ボリュームがあって
メインになる

食べごたえはもちろん、肉や魚、野菜をバランスよく取り入れて煮込んでいるので、栄養もきちんととれます。

白いご飯に合う

洋風の煮ものはご飯にかけて、和風や中華風の煮ものはご飯を添えて食卓にセットすることを前提にメニューを考えました。とにかくご飯がすすむこと保証つき。お留守番用なら白いご飯も合わせて用意しておいて。

？ 上手に保存＆温めなおすには

密閉
容器で

煮ものがさめたら1食分（1人分）ずつ耐熱の密閉容器に入れて冷蔵庫へ。食べるときはふたを取り、ラップをふんわりとかけて、電子レンジで各ページの「あたたメモ」の表示時間を目安に温めます。汁けが少ない煮ものや、煮くずれしやすいものにはレンジでの加熱をおすすめしています。

鍋で

鍋ごと保存してもOK。鍋を完全にさましてからふたをして、冷蔵庫に入れておきます。食べるときは弱火でときどき混ぜながら温めましょう。汁けがたっぷりある煮ものは、鍋での加熱が向いています。

チキンラタトゥイユ

野菜をたっぷり使ったトマト煮〈ラタトゥイユ〉に
鶏肉を入れて、メインになるボリュームに。
肉から出るだしでいっそうおいしく仕上がります。

Recipe

材料（2〜3人分）

鶏もも肉（大）… 1枚（約300g）

なす … 2個

黄パプリカ … 1個

玉ねぎ … 1個

にんにく … 1かけ

カットトマト缶詰（400g入り）
　… ½缶

白ワイン … 大さじ1

塩　こしょう　オリーブオイル

【 初めにしておくこと 】

・鶏肉は余分な脂肪を取り除いて大きめの
　一口大に切り、塩、こしょう各少々をふる。

・なすはへたを切って縦半分に切ってから
　横に幅2cmに切る。

・黄パプリカは縦半分に切ってへたと種を
　取り除き、2cm四方に切る。

・玉ねぎは2cm四方に切る。

・にんにくは縦半分に切って包丁の腹でつ
　ぶす。

1.

厚手の鍋にオリーブオイル大さじ2
とにんにくを入れて弱火で炒める。
香りが立ったら鶏肉を皮目を下にし
て入れ、中火にして両面を2分ずつ
焼く。

2.

なす、黄パプリカ、玉ねぎを加え、
塩小さじ½、こしょう少々をふる。
大きく混ぜながら3分ほど炒める。

3.

カットトマトと水¼カップを加え、
塩少々、白ワインをふる。煮立った
ら弱火にしてふたをし、15分ほど
蒸し煮にする。味をみてたりなけれ
ば塩少々を加え、味をととのえる。

check! ----------

保存するには（冷蔵）

さめたらふたをして鍋ごと、または
電子レンジ対応の密閉容器に1食
分ずつ小分けにして入れ、冷蔵庫へ。

あ た た メ モ

チキンラタトゥイユ

鶏肉と野菜のトマト煮です。
鍋か電子レンジで温めて、ご飯にかけて食べてください。

鍋 ⇒ 弱火にかけて、ときどき混ぜながら全体が温まるまで
熱してください。水分が少なくなったら、水を少したして。

器 ⇒ ふたを取ってラップをふんわりとかけて、電子レンジで
2〜3分温めてください（途中で1回取り出して、全体を混ぜて）。

肉だんごと
かぶのクリーム煮

ふんわり肉だんごと、とろけるようなかぶを、
まろやかなクリームが包み込みます。
粒マスタードの酸味をほんのりきかせて味わい深く。

Recipe

材料（2～3人分）

かぶ（大）… 2個（約280g）
かぶの葉 … 1個分（約50g）
◎たね
  豚ひき肉 … 250g
  卵 … 1個
  玉ねぎのみじん切り … ¼個分
  パン粉 … ¼カップ
  牛乳 … 大さじ2
  塩 … 小さじ⅓
  こしょう … 少々

白ワイン … ¼カップ
牛乳 … 2カップ
粒マスタード … 大さじ1
バター　小麦粉
オリーブオイル　塩

【 初めにしておくこと 】

・かぶは葉を2cmほど残して切り落とし、根元をよく洗って皮つきのまま6等分のくし形に切る。葉は小口切りにする。
・ボールにたねの材料を入れて粘りが出るまで練り混ぜ、8～9等分して丸める。
・小さめのボールにバター大さじ2を入れて室温に置き、柔らかくする。ゴムべらでなめらかに練り、小麦粉大さじ2を加えて粉けがなくなるまでしっかりと混ぜる（ブールマニエ）。

1.

フライパンにオリーブオイル小さじ2を中火で熱し、たねを並べ入れてときどき返しながら3分ほど焼く。ペーパータオルで余分な油を拭く。

2.

かぶを加えてさっと炒め、白ワインをふる。水1カップを加える。煮立ったら弱めの中火にし、ふたをして5分ほど煮る。

3.

牛乳を加え、沸騰直前になったらブールマニエを少しずつ加えて溶く。全体を混ぜながら1分30秒ほど煮て、とろみがついたらかぶの葉を加える。塩小さじ¼、粒マスタードを加えて味をととのえる。

check!

保存するには（冷蔵）

さめたら電子レンジ対応の密閉容器に1食分ずつ小分けにして入れ、冷蔵庫へ。
※かぶが溶けやすいので、鍋での再加熱は向きません。

あたたメモ

肉だんごとかぶのクリーム煮

電子レンジで温めて、ご飯にかけて食べてください。

ふたを取ってラップをふんわりとかけて、
電子レンジで2分30秒～3分30秒温めてください
（途中で1回取り出して、全体を混ぜて）。

根菜と豚肉のカレー

大きめに切ったれんこんが食べごたえばっちり。
ルウは控えめに使い、かくし味にしょうゆを入れました。
家庭的な懐かしい味わいです。

Recipe

材料（2〜3人分）

豚こま切れ肉 … 200g
れんこん（大）… 1節（約250g）
エリンギ … 2本（約100g）
カレールウ … 2かけ（約40g）
しょうがのすりおろし … ½かけ分
塩　こしょう　サラダ油　酒
しょうゆ

【 初めにしておくこと 】

・れんこんはよく洗って皮つきのまま乱切りにし、水に5分ほどさらして水けをきる。
・エリンギは長さを2〜3等分に切ってから縦に薄切りにする。
・豚肉は塩、こしょう各少々をふる。
・カレールウは粗く刻む。

1.

フライパンにサラダ油小さじ2を中火で熱し、豚肉をほぐしながら炒める。肉の色が変わったられんこんとエリンギを加えて2分ほど炒め合わせる。

2.

塩、こしょう各少々をふり、水2½カップを注ぐ。酒大さじ2、しょうゆ小さじ1を加えて混ぜる。煮立ったらアクを取り除く。

3.

ふたをして弱火にし、8〜9分煮る。れんこんに竹串がすーっと通ったら、カレールウとしょうがを加え、とろみがつくまで混ぜながら煮る。

check!

保存するには（冷蔵）

さめたらふたのできる鍋に移すか、電子レンジ対応の密閉容器に1食分ずつ小分けにして入れて、冷蔵庫へ。

あたたメモ

根菜と豚肉のカレー

鍋か電子レンジで温めて、ご飯にかけて食べてください。

鍋 ⇒	弱火にかけて、ときどき混ぜながら全体が温まるまで熱してください。水分が少なくなったら、水を少したして。
器 ⇒	ふたを取ってラップをふんわりとかけて、電子レンジで2〜3分温めてください（途中で1回取り出して、全体を混ぜて）。

ロール白菜のスープ煮

レンジで加熱した白菜で、
薄切り肉を巻くだけだから簡単。
とろみをつけたあっさり味のスープが、
白菜の自然な甘みを引き立てます。

Recipe

材料（2人分）

白菜の葉 … 4枚（約350g）
豚ロース薄切り肉 … 8枚（約150g）
トマト … 1個（約150g）

◎スープ
  水 … 2カップ
  酒 … 大さじ1
  しょうゆ … 小さじ2
  洋風スープの素（顆粒）
    … 小さじ½
  塩 … ふたつまみ
片栗粉　塩　こしょう

【 初めにしておくこと 】

・白菜は洗って水けを拭かずにまとめてラップに包み、電子レンジで4分ほど加熱する。ざるに広げて（熱いので注意して）粗熱を取る。しんの厚い部分を薄くそぎ取る（しんはとっておく）。
・トマトはへたを取って5mm角に切る。
・片栗粉大さじ1を水大さじ2で溶き、水溶き片栗粉を作る。

1.

白菜の葉1枚をしんを手前にして広げ、中心より手前に豚肉2枚を少し重ねて縦長にのせる。塩、こしょう各少々をふり、そぎ取ったしんをのせる。手前をひと巻きしてから、左右を内側に折りたたみ、くるくると巻く。巻き終わりをつま楊枝で留める。残りも同様に巻く。

2.

フライパンにスープの材料を入れて混ぜ、中火にかける。煮立ったら**1**を巻き終わりを下にして入れる。ふたをして弱めの中火にし、12〜13分煮る。

3.

水溶き片栗粉をもう一度混ぜてからスープの部分に加え、よく混ぜて全体にとろみをつける。トマトを入れてさっと混ぜ、ひと煮する。

保存するには（冷蔵） check!

さめたらつま楊枝を抜き、好みで食べやすく切る。1食分ずつ電子レンジ対応の密閉容器に入れ、冷蔵庫へ。
※楊枝を抜いたあとのロール白菜はくずれやすいので、鍋での再加熱は向きません。

あたたメモ

ロール白菜のスープ煮

電子レンジで温めて、ご飯にかけて食べてください。

ふたを取ってラップをふんわりとかけて、
電子レンジで2〜3温めてください
（途中で1回取り出して、ロール白菜の上下を返して）。

まいたけ入りハヤシライス

香りのよいまいたけ入りで、
ハヤシライスがワンランク上のおいしさに。
比較的短時間でできるので、
時間のない夜にもおすすめです。

Recipe

材料（2〜3人分）

牛切り落とし肉 … 200g
まいたけ … 1パック（約100g）
玉ねぎ … ½個
にんにく … 1かけ
赤ワイン … ¼カップ
洋風スープの素（顆粒）… 小さじ1
塩　こしょう　小麦粉　バター
トマトケチャップ
ウスターソース　砂糖

【 初めにしておくこと 】

・まいたけは堅い部分を切り取り、小房に分ける。
・玉ねぎは縦に薄切りにする。
・にんにくは縦に薄切りにする。
・牛肉は大きければ食べやすく切り、塩小さじ⅓、こしょう少々、小麦粉大さじ3をまぶす。

1.

フライパンにバター大さじ1を中火で溶かし、玉ねぎとにんにくを入れて、玉ねぎがしんなりするまで炒める。片側に寄せて、あいているところにまいたけを加え、木べらで押さえながら両面を1〜2分ずつ焼きつける。

2.

玉ねぎとまいたけを片側に寄せ、あいているところに牛肉を入れてほぐしながら炒める。肉の色が変わったら赤ワインを加え、全体を混ぜる。

3.

水2カップ、スープの素を加え、煮立ったら弱めの中火にしてアクを取り除く。トマトケチャップ大さじ2、ウスターソース大さじ1½、砂糖小さじ½、塩小さじ⅓を加えて、混ぜながら4〜5分煮る。

check!

保存するには（冷蔵）

さめたらふたのできる鍋に移すか、電子レンジ対応の密閉容器に1食分ずつ小分けにして入れ、冷蔵庫へ。

あたたメモ

まいたけ入りハヤシライス

鍋か電子レンジで温めて、ご飯にかけて食べてください。

鍋 ⇒	弱火にかけて、ときどき混ぜながら全体が温まるまで熱してください。水分が少なくなったら、水を少したして。
器 ⇒	ふたを取ってラップをふんわりとかけて、電子レンジで2分〜2分30秒温めてください（途中で1回取り出して、全体を混ぜて）。

かぼちゃ入りチキンの
チーズクリーム煮

かぼちゃのほくほくとした甘みが子どもや女性に人気。
淡泊な鶏胸肉を使うので、
仕上げにクリームチーズでこくをプラスします。

Recipe

材料（2〜3人分）

鶏胸肉（大）… 1枚（約250g）

かぼちゃ… ⅛個（約200g）

玉ねぎ… ½個

クリームチーズ … 40g

牛乳 … 2カップ

塩　こしょう　小麦粉　バター

【 初めにしておくこと 】

・かぼちゃは種とわたを取り除いて3cm角に切り、さっと水にくぐらせて耐熱皿に入れる。ふんわりとラップをかけて電子レンジで2分ほど加熱する。水けが残っていたらざるに上げて水けをきる。

・玉ねぎは幅1cmのくし形に切る。

・鶏肉は縦半分に切ってから一口大のそぎ切りにし、塩、こしょう各少々をふって小麦粉を多めにまぶす。

1.

厚手の鍋にバター大さじ3を中火で溶かし、鶏肉を入れて両面を1分ずつ焼く。玉ねぎを加え、さっと炒め合わせる。

2.

かぼちゃを加えて、全体に油が回るまでさっと炒める。牛乳を注ぎ、塩小さじ⅓、こしょう少々を加えて混ぜる。煮立ったら中火のまま4〜5分、ときどき混ぜながら煮る。

3.

クリームチーズを溶き入れ、とろみがつくまで混ぜながら煮る。

check!

保存するには（冷蔵）

さめたらふたをして鍋ごと、または電子レンジ対応の密閉容器に1食分ずつ小分けにして入れ、冷蔵庫へ。

あたたメモ

かぼちゃ入りチキンのチーズクリーム煮

鍋か電子レンジで温めて、ご飯にかけて食べてください。

鍋 ⇒ 弱火にかけて、ときどき混ぜながら全体が温まるまで熱してください。水分が少なくなったら、水を少したして。

器 ⇒ ふたを取ってラップをふんわりとかけて、電子レンジで2分〜2分30秒温めてください（途中で1回取り出して、全体を混ぜて）。

豚肉とキャベツの
塩バター煮込み

くたくたになるまで煮たキャベツの甘みが
豚肉のうまみと溶け合います。ミックスビーンズを加えて、
彩りと食べごたえをプラス。

Recipe

材料 (2〜3人分)

豚角切り肉 (カレー・シチュー用)
　… 200g
キャベツ … ¼個 (約300g)
ミックスビーンズ (ドライパック)
　… 100g
玉ねぎ … ½個
にんにく … 1かけ

塩　粗びき黒こしょう　小麦粉
バター　酒　しょうゆ　こしょう

【 初めにしておくこと 】

・キャベツは繊維を断つように長さ5〜
　6cmの細切りにする。
・玉ねぎは縦に薄切りにする。
・にんにくは横に薄切りにする。
・豚肉は塩小さじ¼、粗びき黒こしょう少々
　をふり、小麦粉を薄くまぶす。

1.

厚手の鍋にバター大さじ1を中火で
溶かし、豚肉を入れてときどき返し
ながら2分30秒ほど焼く。

2.

にんにくと玉ねぎ、キャベツを加え
て1分30秒ほど炒め合わせる。水
1カップ、酒大さじ2、塩小さじ½、
しょうゆ小さじ1を加えて混ぜる。

3.

煮立ったらミックスビーンズを加え、
ふたをして弱火にし、15〜20分煮
る。バター大さじ1を加えて混ぜ、
味をみてたりなければ塩、こしょう
各少々を加える。

check!

冷蔵保存・食べるときは

さめたらふたをして鍋ごと、または
電子レンジ対応の密閉容器に1食
分ずつ小分けにして入れ、冷蔵庫
へ。食べるときはフレンチマスター
ドを添える。

あたたメモ

豚肉とキャベツの塩バター煮込み

鍋か電子レンジで温めて、ご飯にかけて食べてください。
フレンチマスタードをつけてもおいしいです。

鍋 ⇒ 弱火にかけて、ときどき混ぜながら全体が温まるまで
熱してください。水分が少なくなったら、水を少したして。

器 ⇒ ふたを取ってラップをふんわりとかけて、
電子レンジで2分〜2分30秒温めてください
(途中で1回取り出して、全体を混ぜて)。

そぼろ肉じゃが

鶏ひき肉で作る肉じゃがは、
少し甘めのやさしい味わい。そぼろが具にから
みやすいようにとろみをつけます。

Recipe

材料（2～3人分）

じゃがいも … 3個（約450g）

鶏ひき肉… 100g

にんじん … ⅓本（約50g）

玉ねぎ … ½個

しょうが … 1かけ

だし汁 … 1½カップ

片栗粉　サラダ油　砂糖　酒

みりん　しょうゆ

【 初めにしておくこと 】

・じゃがいもは皮をむいて3～4等分に切り、
　水に5分ほどさらして水けをきる。

・にんじんは皮をむいて小さめの乱切りに
　する。

・玉ねぎは縦に幅1cmのくし形に切る。

・しょうがは皮をむいてみじん切りにする。

・片栗粉小さじ1を水小さじ2で溶き、水溶
　き片栗粉を作る。

1.

厚手の鍋にサラダ油小さじ2を中火
で熱する。しょうがとひき肉を入れ、
木べらでほぐしながら肉の色が変
わってぽろぽろになるまで炒める。

2.

じゃがいも、にんじん、玉ねぎを加
えて炒め、玉ねぎがしんなりしたら
だし汁と、砂糖、酒、みりん各大さ
じ1、しょうゆ大さじ2½を加えて
混ぜる。煮立ったらアクを取り除き、
アルミホイルで落としぶたをして
15分ほど煮る。

3.

水溶き片栗粉をもう一度混ぜてから
加え、大きく混ぜてとろみをつける。

check! ------------------------------------

冷蔵保存・食べるときは

さめたら電子レンジ対応の密閉容
器に1食分ずつ小分けにして入れ、
冷蔵庫へ。食べるときは塩ゆでし
たきぬさや（2～3人分で約6枚）を
せん切りにしてのせても。

※じゃがいもが溶けやすいので、
鍋での再加熱は向きません。

あたたメモ

そぼろ肉じゃが

電子レンジで温めて、ご飯といっしょに食べてください。
きぬさやを彩りにのせても。

ふたを取ってラップをふんわりとかけて、電子レンジで
2～3分温めてください（途中で1回取り出して、全体を混ぜて）。

鶏おでん

手羽元が多めに入り、しっかりとした
食べごたえがあるおでん。
骨つき肉からだしが出るので、
野菜やがんもどきもおいしく煮えます。

Recipe

材料（2〜3人分）

鶏手羽元… 6本
大根 … ⅓本（約400g）
にんじん … ½本（約70g）
がんもどき … 2個
◎煮汁
　酒 … ¼カップ
　みりん… 大さじ½
　だし汁 … 3カップ
　しょうゆ … 大さじ1½
塩　サラダ油

【 初めにしておくこと 】

・手羽元は皮目の裏側の骨の両側に浅く切り込みを入れ、塩小さじ¼をふる。
・大根は皮をむいて幅2cmの輪切りにし、片面に十文字に浅く切り目を入れる。
・にんじんは皮をむいて縦4等分に切る。
・がんもどきはざるに入れて熱湯を回しかけ、油抜きをする。

1.

厚手の鍋にサラダ油小さじ2を中火で熱し、手羽元と大根を入れてときどき返しながら焼き色がつくまで5〜6分焼く。

2.

にんじんとがんもどきを加え、煮汁用の酒、みりんを加える。煮立ったらだし汁を注ぎ入れ、しょうゆを加える。再び煮立ったらふたをして弱めの中火にし、30分ほど煮る。

3.

大根に竹串がすーっと通るくらいになったら火を止め、ふたをして粗熱を取る。味をみてたりなければ塩少々を加え、味をととのえる。

check!

冷蔵保存・食べるときは

さめたらふたをして鍋ごと、または電子レンジ対応の密閉容器に1食分ずつ小分けにして入れ、冷蔵庫へ。食べるときは練り辛子、七味唐辛子などを添えても。

あたたメモ

鶏おでん

鍋か電子レンジで温めて、ご飯といっしょに食べてください。
好みで辛子をつけたり、七味をふるとおいしいです。

鍋 ⇒ 弱火にかけて、ときどき混ぜながら全体が温まるまで熱してください。

器 ⇒ ふたを取ってラップをふんわりとかけて、電子レンジで2分30秒〜3分温めてください（途中で1回取り出して、全体を混ぜて）。

豚肉入りきんぴら

きんぴら風の甘辛い味つけはみんな大好き。
豚肉を加えて、メインのおかずに格上げしましょう。
汁けが少ないから、おべんとうにもおすすめ。

Recipe

材料（2〜3人分）

ごぼう … ½本（約120g）
にんじん… ½本（約75g）
豚こま切れ肉 … 150g
赤唐辛子の小口切り
　… ½〜1本分
ごま油　酒　みりん　砂糖
しょうゆ

【 初めにしておくこと 】

・ごぼうは包丁の背で皮をこそげ、包丁を寝
　かせて当てて回しながらそぐ（ささがき）。
　水に5分さらして、水けをきる。
・にんじんは皮をむいて長さを半分に切り、
　せん切りにする。

1.

フライパンにごま油小さじ2を中火
で熱し、赤唐辛子とごぼう、にんじ
んを入れて2分ほど炒める。

2.

ごぼうがしんなりしたら全体を片側
に寄せ、あいているところに豚肉を
入れてほぐしながら炒める。

3.

肉の色が変わったら全体を混ぜ、酒、
みりん各大さじ1、砂糖小さじ2、
しょうゆ大さじ1強を加えて汁けが
なくなるまで3分ほど炒め煮にする。

check!

保存するには（冷蔵）

さめたら電子レンジ対応の密閉容
器に1食分ずつ小分けにして入れ、
冷蔵庫へ。
※汁けが少ないので、鍋での再加
熱は向きません。

あたたメモ

豚肉入りきんぴら

電子レンジで温めて、ご飯といっしょに食べてください。

ふたを取ってラップをふんわりとかけて、電子レンジで1分〜1分30秒
温めてください（途中で1回取り出して、全体を混ぜて）。

牛肉と厚揚げのすき煮

大人も子どもも大好きな「すき焼き」を
作りおき用にアレンジ。
水が出にくい厚揚げを使い、
牛肉とともに味をしっかり含ませます。

Recipe

材料（2〜3人分）

牛切り落とし肉 … 200g
厚揚げ … 1枚（約200g）
しらたき … 100g
万能ねぎ … ½束
だし汁 … 1カップ
サラダ油　砂糖　酒　しょうゆ

【 初めにしておくこと 】

・厚揚げはペーパータオルで油を拭いて横に幅1.5cmに切る。
・しらたきは熱湯でさっとゆで、食べやすく切る。
・万能ねぎは根元を切って斜めに長さ5cmに切る。

1.

フライパンにサラダ油小さじ2を中火で熱し、牛肉を入れて強火にしてさっと焼く。肉の色が変わりはじめたら、砂糖大さじ2をふり、なじませながら砂糖を焦がすように炒める。

2.

酒大さじ2をふって中火にし、だし汁を注いでしょうゆ大さじ2を加える。煮立ったら厚揚げとしらたきを加え、2分ほど煮る（アクが出たら取り除く）。

3.

万能ねぎを加えてさっと煮て、火を止める。

check!

冷蔵保存・食べるときは

さめたら電子レンジ対応の密閉容器に1食分ずつ小分けにして入れ、冷蔵庫へ。食べるときは卵を添えても。
※汁けが少ないので、鍋での再加熱は向きません。

あたたメモ

牛肉と厚揚げのすき煮

電子レンジで温めて、ご飯といっしょに食べてください。
好みで溶いた卵をつけて食べるとおいしいです。

ふたを取ってラップをふんわりとかけて、電子レンジで2分〜2分30秒温めてください（途中で1回取り出して、全体を混ぜて）。

鶏肉のチリソース煮

手ごろで食べごたえのある鶏もも肉を使い、
人気のえびチリ風に。フレッシュトマトを加えると、
さわやかさもうまみも増します。

調理時間	日もち・冷蔵庫	熱量・⅓量で	塩分・⅓量で
20分	2日	341kcal	1.6g

材料（2〜3人分）

トマト … 2個（約300g）
鶏もも肉（大）… 1枚（約300g）
しめじ … ½パック（約50g）
玉ねぎ … ¼個
にんにく、しょうがのみじん切り
　　… 各½かけ分
豆板醤（トウバンジアン）… 小さじ⅓

◎合わせ調味料
　トマトケチャップ、水 … 各大さじ2
　砂糖、酒 … 各大さじ1
　しょうゆ … 小さじ2
　鶏ガラスープの素（顆粒）
　　… 小さじ⅓
塩　こしょう　片栗粉　サラダ油

【 初めにしておくこと 】

・トマトはへたを取って大きめの一口大に
　切る。
・しめじは石づきを切ってほぐす。
・玉ねぎは2cm四方に切る。
・鶏肉は余分な脂肪を取り除いて一口大に
　切り、塩、こしょう各少々をふって片栗粉
　大さじ3〜4をまぶす。
・合わせ調味料の材料を混ぜ合わせる。

1.

フライパンにサラダ油小さじ2を中火で熱し、鶏肉を皮目を下にして入れ、両面を1分30秒ずつ焼いて取り出す。フライパンをペーパータオルで拭く。

2.

フライパンにサラダ油小さじ2、にんにく、しょうが、豆板醤を入れて弱火で熱し、香りが立つまで炒める。玉ねぎとしめじを加えて中火にし、さっと炒める。鶏肉を戻し入れてさっと混ぜる。

3.

トマトを加えて皮が少しむけるくらいまで1分ほど炒め合わせる。合わせ調味料を回し入れ、大きく混ぜながら全体にとろみがつくまで煮る。

check!

保存するには（冷蔵）

さめたらふたのできる鍋に移すか、電子レンジ対応の密閉容器に1食分ずつ小分けにして入れ、冷蔵庫へ。

あたたメモ

鶏肉のチリソース煮

鍋か電子レンジで温めて、ご飯といっしょに食べてください。

鍋 ⇒ 弱火にかけて、ときどき混ぜながら全体が温まるまで熱してください。

器 ⇒ ふたを取ってラップをふんわりとかけて、電子レンジで1分30秒〜2分30秒温めてください（途中で1回取り出して、全体を混ぜて）。

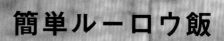

簡単ルーロウ飯

甘辛く煮た豚肉をご飯にかけていただく
台湾料理、ルーロウ飯。とんカツ用の肉で作れば、
話題の味も手軽にできます。

Recipe

材料（2〜3人分）

豚肩ロース肉（とんカツ用）
　… 3枚（約300g）
ねぎ … 1本
しょうが … 1かけ
豆苗 … ½パック（正味60g）
オイスターソース … 大さじ1½
塩　こしょう　サラダ油　砂糖
酒　しょうゆ

【 初めにしておくこと 】

・ねぎはみじん切りにする。
・しょうがは皮をむいてせん切りにする。
・豆苗は根元を切って長さを半分に切る。
・豚肉は1.5cm四方に切り、塩、こしょう
　各少々をふる。

1.

厚手の鍋にサラダ油大さじ1を弱め
の中火で熱し、ねぎの½量を入れて
2分ほど炒める。しんなりしたら豚
肉を加えて中火にし、1分30秒ほど
炒める。片側に寄せてあいていると
ころに砂糖大さじ1½を加え、砂糖
が溶けて焦げはじめるまで炒める。

2.

酒¼カップ、しょうゆ大さじ1½を
加えて全体を混ぜ、煮立ったら、水
2カップとしょうがを加える。再び
煮立ったら弱めの中火にし、厚手の
ペーパータオルで落としぶたをして
20分ほど煮る。

3.

豚肉が柔らかくなったら、オイス
ターソースと残りのねぎ、こしょ
う少々を加えて混ぜ、5分ほど煮る。
豆苗を加えてさっと煮る。

36
37

---

check! -

冷蔵保存・食べるときは

さめたらふたをして鍋ごと、または
電子レンジ対応の密閉容器に1食
分ずつ小分けにして入れ、冷蔵庫
へ。食べるときはゆで卵を添える。

- -

あたたメモ

簡単ルーロウ飯

台湾風の煮豚のっけご飯です。鍋か電子レンジで温めて、
好みで汁ごとご飯にかけて、ゆで卵をのせて食べてください。

鍋 ⇒ 弱火にかけて、ときどき混ぜながら全体が温まるまで
　　　熱してください。

器 ⇒ ふたを取ってラップをふんわりとかけて、電子レンジで1分〜
　　　1分30秒温めてください（途中で1回取り出して、全体を混ぜて）。

肉だんごと白菜の煮もの

大きめ肉だんごのふっくらジューシーな味わいに、
甘みが出るまで柔らかく煮た白菜を合わせて。
お買い得素材だけで、ボリューム満点です。

Recipe

材料（2～3人分）

◎たね
豚ひき肉…250g
玉ねぎのみじん切り…¼個分
卵…1個
片栗粉…大さじ1
酒…小さじ2
塩…小さじ¼
こしょう…適宜

白菜…⅙株（約300g）
しょうがの薄切り…2枚
ごま油　酒　しょうゆ　砂糖

【 初めにしておくこと 】

・白菜は軸をつけたまま縦半分に切り、長さを半分に切る。
・ボールにたねの材料を混ぜ合わせ、4～6等分して丸める。

1.

フライパンにごま油小さじ2を中火で熱し、たねを入れる。両面を1分30秒ずつ、こんがりと焼き色がつくまで焼く。

2.

肉だんごを片側に寄せ、白菜を加えて両面を2分ずつ焼く。水2カップ、しょうがと、酒、しょうゆ各大さじ1½、砂糖小さじ1を加えて混ぜる。

3.

煮立ったらふたをして弱めの中火にし、20分ほど煮る。白菜のしんの部分に竹串がすーっと通ったら、火を止める。

check!

保存するには（冷蔵）

さめたらふたのできる鍋に移すか、電子レンジ対応の密閉容器に1食分ずつ小分けにして入れて、冷蔵庫へ。

あたたメモ

肉だんごと白菜の煮もの

鍋か電子レンジで温めて、ご飯といっしょに食べてください。

鍋 ⇒ 弱火にかけて、ときどき混ぜながら全体が温まるまで熱してください。

器 ⇒ ふたを取ってラップをふんわりとかけて、電子レンジで2～3分温めてください（途中で1回取り出して、全体を混ぜて）。

たらと豆腐のチゲ

うまみのあるピリ辛スープで、
たっぷりの具を煮た韓国の小鍋料理風に。
汁の中にご飯を入れて食べてもおいしい。

Recipe

材料（2〜3人分）

生たらの切り身 … 2切れ（約200g）

絹ごし豆腐 … 1丁（約300g）

豚バラ薄切り肉 … 80g

白菜キムチ … 100g

小松菜 … 2株（約80g）

ねぎ … ½本

鶏ガラスープの素（顆粒）
　　… 小さじ½

ごま油　しょうゆ

【 初めにしておくこと 】

・ねぎは斜め薄切りにする。

・小松菜は根元を切って長さ3cmに切る。

・白菜キムチは大きければ食べやすく切る。

・たらは長さを半分に切る。

・豚肉は長さ3cmに切る。

1.

厚手の鍋にごま油大さじ1を中火で熱し、キムチとねぎをさっと炒める。豚肉を加え、ほぐしながら肉の色が変わるまで炒める。

2.

水3カップ、鶏ガラスープの素、しょうゆ小さじ2〜3を加えて混ぜる。煮立ったら、たらを加え、4分ほど煮る。

3.

豆腐をスプーンで大きくすくって落とし入れ、再び煮立ったら小松菜を加えてさっと煮る。

check!

冷蔵保存・食べるときは

さめたらふたをして鍋ごと、または電子レンジ対応の密閉容器に1食分ずつ小分けにして入れ、冷蔵庫へ。食べるときは白すりごまを添える。

あたたメモ

たらと豆腐のチゲ

韓国風のピリ辛スープ煮です。鍋か電子レンジで温めて、ご飯といっしょに食べてください。好みですりごまをふったり、ご飯をスープに入れて食べてもおいしいです。

鍋 ⇒ 弱火にかけて、ときどき混ぜながら全体が温まるまで熱してください。

器 ⇒ ふたを取ってラップをふんわりとかけて、電子レンジで2〜3分温めてください（途中で1回取り出して、全体を混ぜて）。

朝パパッとできる サラダ&あえもの

メインの一皿に、野菜を補うサラダや
あえものを一品追加すれば、
より満足度の高い晩ごはんになります。
朝15分程度の時間でパパッとできて、
夜まで味が変わりにくい、
作りおきや時間差・お留守番ごはんに
最適のレシピを集めました。
煮込み料理との相性も、ぴったりです。

【 P42〜44の保存方法・日もち 】 いずれも密閉容器に入れて冷蔵庫で1〜2日保存可能。

コーン入りコールスロー

コーンの甘み&食感を加えた
コールスロー。
あえてから時間がたっても、
味がなじんでおいしい。

材料（2〜3人分）　⅓量で128kcal、塩分0.7g

キャベツ（小）… ¼個（約250g）
ホールコーン缶詰（130g入り）… ½缶
パセリのみじん切り … 大さじ3
◎ドレッシング（マヨネーズ大さじ2　酢、オリーブオイル各大さじ1　こしょう少々）
塩

1　キャベツは堅いしんの部分を取り除き、長さ5cmの細切りにする。ボールに入れて塩小さじ¼をふってもみ、5分ほどおく。しんなりしたら水けを絞る。
2　ボールにドレッシングの材料を混ぜ合わせ、キャベツとコーン、パセリを加えてあえる。

ナッツ入りキャロットラペ

デリやビストロで人気の定番。
ナッツやレーズンなど
アクセントになるものを
入れるとさらにおいしく。

材料（2〜3人分） ⅓量で172kcal、塩分0.6g

にんじん … 1本（約150g）　レーズン … 30g
くるみ（いったもの・無塩）… 30g
◎ドレッシング（にんにくのすりおろし少々　白ワインビネガー〈または酢〉大さじ1　オリーブオイル大さじ1½　塩小さじ¼　砂糖ひとつまみ　こしょう少々）
塩

1　にんじんは皮をむいて長さ4cmのせん切りにする。ボールに入れて塩少々をふってもみ、5分ほどおく。しんなりしたら水けを絞り、ボールの水けを拭いて戻し入れる。くるみは粗く刻む。
2　ドレッシングの材料を混ぜ合わせ、にんじんのボールに加える。レーズンとくるみを入れてあえる。

材料（2〜3人分） ⅓量で165kcal、塩分1.1g

ミックスビーンズ（ドライパック）… 200g
玉ねぎ … ¼個　さやいんげん … 4〜6本
かに風味かまぼこ … 3本
◎ドレッシング（粒マスタード、オリーブオイル各大さじ1　レモン汁小さじ1　しょうゆ小さじ⅓　塩、こしょう各少々）
塩

1　玉ねぎはみじん切りにして水に5分ほどさらし、水けをきる。いんげんはへたを切って塩少々を加えた熱湯で1〜2分ゆで、冷水にとってさまし、水けを拭いて長さ2cmに切る。かにかまは幅1cmに切る。
2　ボールにドレッシングの材料を混ぜ合わせ、ミックスビーンズと玉ねぎ、いんげん、かにかまを加えてあえる。

ミックスビーンズといんげんのサラダ

材料はすべてコロコロに切り、
粒マスタード入りの
ドレッシングをよくなじませます。
かにかまが意外なほど好相性。

わかめと豆苗のしょうがじょうゆあえ

シャキシャキの豆苗と、
つるんと口当たりのよいわかめの
組み合わせがバランス◎。
レンジで手軽にできます。

材料（2〜3人分） ⅓量で53kcal、塩分0.5g

わかめ（塩蔵）… 30g
豆苗 … 1パック（正味120g）
◎たれ（しょうがのすりおろし½かけ分　ごま油大さじ1　しょうゆ小さじ1　酢小さじ½）

1　わかめはさっと洗って水に5〜6分つけてもどし、水けをきって食べやすく切る。豆苗は根元を落として長さを半分に切り、さっと洗って水けを拭かずにラップで包む。電子レンジで1分30秒ほど加熱し、粗熱を取る。
2　ボールにたれの材料を混ぜ合わせる。豆苗の水けを絞り、わかめとともに加えてあえる。

ほうれん草とじゃこのおかかあえ

じゃこや削り節などのうまみを
しっかりきかせて。
時間がたっても水っぽくならず、
ご飯にも合う味わいです。

材料（2〜3人分）　⅓量で42kcal、塩分0.6g

ほうれん草 … 小1わ（約200g）
◎あえごろも（ちりめんじゃこ小さじ2　削り節1パック〈5g〉　白すりごま大さじ1　ポン酢しょうゆ大さじ1〈またはしょうゆ小さじ1とレモン汁小さじ½〉）
塩

1　ほうれん草は根を切り、根元に十文字の切り込みを入れる。塩少々を加えた熱湯に根元のほうから入れ、さっとゆでる。冷水にとってさまし、水けを絞って長さ3cmに切る。
2　ボールにあえごろもの材料をすべて入れ、混ぜ合わせる。ほうれん草の水けをもう一度絞って加え、あえる。

材料（2〜3人分）　⅓量で256kcal、塩分0.9g

じゃがいも … 3個（約450g）
ツナ缶詰（55g入り）… 1缶　きゅうり … 1本
玉ねぎ … ¼個　フレンチマスタード … 小さじ2
塩　マヨネーズ　粗びき黒こしょう

1　じゃがいもは洗って水けを拭かずに1個ずつラップで包み、電子レンジで8分ほど加熱する。きゅうりは皮をピーラーでしま目にむいてから薄い輪切りにし、塩少々をふって5分ほどおき、水けを絞る。玉ねぎは横に薄切りにして水に5分ほどさらし、水けをきる。ツナは缶汁をきってほぐす。
2　じゃがいもの粗熱が取れたら皮をむいてボールに入れ、フォークでなめらかにつぶす。ツナと玉ねぎ、きゅうりを加え、マヨネーズ大さじ3、フレンチマスタードと、塩、粗びき黒こしょう各少々を加えてあえる。

ツナポテトサラダ

ツナのうまみを利用した
ポテトサラダ。
じゃがいもはレンジで加熱して、
調理時間を短縮します。

かぼちゃの南蛮サラダ

ほくほくのかぼちゃを
南蛮風のたれに漬け込み、
味を含ませます。かぼちゃは
レンジ加熱して焼き時間を短縮。

材料（2〜3人分）　⅓量で137kcal、塩分1.2g

かぼちゃ（小）… ¼個（約300g）　玉ねぎ … ¼個
◎たれ（めんつゆ〈3倍希釈のもの〉¼カップ　水½カップ　赤唐辛子の小口切り1本分）
サラダ油

1　かぼちゃは種とわたを取り除き、横半分に切ってから縦に幅1cmに切る。耐熱皿に並べてラップをふんわりとかけ、電子レンジで2分ほど加熱する。玉ねぎは横に薄切りにする。
2　バットにたれの材料を混ぜ合わせ、玉ねぎを入れる。フライパンにサラダ油大さじ1を弱めの中火で熱し、かぼちゃを入れて両面を2分ずつ焼く。温かいうちにたれに入れ、ラップをぴったりとかけてさます。

2

当日の朝に作る
こんがりおかず

朝出かける前の 15 〜 20 分、
いそがしいけれどテキパキ体が動く、
この時間帯を無駄なく活用。
耐熱皿に 1 人分ずつ作るこんがりおかずは、
温めなおしやすさも抜群です。

「こんがりおかず」 は、えらい。

グラタンやドリア、パン粉焼きなど、香ばしい焼き色が特徴のこんがりおかず。
みんなが大好きなメニューですが、じつは温めなおしにもぴったりなんです。
1人分ずつ耐熱皿にセットしておけば、あとは食べるときに
オーブントースターでひと皿ずつ焼いて仕上げるだけでOK。
料理を取り分ける手間、焼き上げにかかる時間が短縮できて、
朝の限られた時間でも無理なく用意できます。
寒い季節に一人で食べる晩ごはんでも、
これがあればできたてのあつあつが楽しめて、心も体も温まります。

！ 温めなおし用「こんがりおかず」のポイント

時間がたっても上手に焼ける

状態が変わりにくい素材を選び、チーズやパン粉、ソースなどで表面をカバー。時間がたっても水っぽくなったり、乾燥したりしないようにレシピを工夫しました。どれも冷蔵庫で1〜2日保存できます。

ボリュームがあってメインになる

たんぱく質も野菜もバランスよく入れて、メインらしい食べごたえを重視しました。マカロニグラタンやドリアにも野菜をたっぷりと。

火の通りが確実

あらかじめ材料をフライパンや電子レンジなどで加熱してから耐熱皿に入れています。材料がいたんだり、焼いたときに加熱むらや生焼けになったりせず、安心です。

短時間で準備できる

5分でも無駄にしたくない、朝の時間帯。身支度をしながらでも15〜20分程度で作業が完成するように、できるだけシンプルな手順にしています。

Point

？ 上手に保存＆温めなおすには

焼く前の状態で

焼いてから

耐熱皿に焼く前の状態までセットしておき、ラップをかけて冷蔵庫へ。各ページの「あたたメモ」を目安に温めます。電子レンジで少し加熱してからラップをはずし、トースターで焼き色をつけるのが、スピーディでおすすめ。トースターから取り出すときのミトン（または軍手）や、食べるときの鍋敷き（または受け皿）も忘れずに。

温めなおすのがお子さんやお年寄りなど、オーブントースターを使ってもらうのが不安な場合は、焼き上げまでしておきましょう。オーブントースターで焼き色をつけたら、器がさめるまでしばらくおき、ラップをかけて冷蔵庫に入れておきます。食べるときは電子レンジで「あたたメモ」を目安に温めます。

ブロッコリー入り
えびマカロニグラタン

ぷりぷりのえびとクリーミーなソースが最高の、永遠の人気メニュー。
マカロニといっしょにブロッコリーもゆでて加え、
野菜もたっぷりとります。

Recipe

材料（2人分）

マカロニ… 50g
むきえび… 100g
マッシュルーム … 4個
ブロッコリー… 1/3株（約80g）
玉ねぎ … 1/4個
牛乳 … 1 1/2カップ
ピザ用チーズ… 40g
塩　サラダ油　バター　小麦粉
こしょう　パン粉

【 初めにしておくこと 】

・ブロッコリーは小房に分け、大きければ縦2〜3等分に切る。
・鍋に湯1ℓを沸かし、塩大さじ1/2を加えてマカロニを袋の表示時間どおりにゆでる。ゆで上がる2分前にブロッコリーを加えてともにゆで、ざるに上げて流水で冷やし、水けをきってサラダ油少々をからめる。
・むきえびは背わたがあれば取り除き、塩少々をふって洗い、水けを拭く。
・マッシュルームは石づきを切って縦半分に切る。
・玉ねぎは縦に薄切りにする。

1.

フライパンにバター大さじ2を中火で溶かし、えびを入れて1分ほど炒める。玉ねぎとマッシュルームを加えて1分〜1分30秒炒め、小麦粉大さじ2をふって粉けがなくなるまで1分ほど炒める。牛乳を少しずつ注ぎ、そのつどよく混ぜる。

2.

たえず混ぜながら煮て、ふつふつと煮立ち、とろみがついたら塩小さじ1/2、こしょう少々を加えて混ぜる。火を止めてマカロニとブロッコリーを加えてさっと混ぜる。

焼く前

耐熱の器2個に薄くバターを塗り、2を入れる。表面がさめたらピザ用チーズをふり、パン粉少々を散らしてバターを小さじ1/2ずつ小さくちぎってのせる。

check!

保存するには（冷蔵）

さめたらラップをかけて冷蔵庫へ。
※または温めたオーブントースターで8〜10分焼いてからさまし、ラップをかけて冷蔵庫へ。

あたたメモ

ブロッコリー入りえびマカロニグラタン

【 焼く前の状態なら 】
電子レンジで約2分温めてからラップをはずし、
オーブントースターに入れます。チーズが溶けて焼き色がつくまで
7〜8分焼いて、ミトンや軍手をして取り出して。
熱いので鍋敷きや受け皿にのせて食べてください。

【 焼いてあれば 】
ラップをかけたまま電子レンジで3分ほど加熱します。

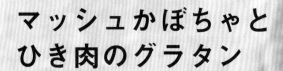

マッシュかぼちゃと
ひき肉のグラタン

なめらかにつぶしたかぼちゃに、
しっかり味のひき肉がぴったりのバランス。
ほんのりきかせたカレー粉が、かぼちゃの甘みを引き締めます。

Recipe

材料（2人分）

かぼちゃ…⅛個（約200g）
◎マッシュかぼちゃ用
　バター…大さじ1
　牛乳…¼カップ
　カレー粉…小さじ½
　塩…小さじ⅙
　こしょう…少々

合いびき肉…200g
玉ねぎ…¼個
にんにくのみじん切り…½かけ分
ピザ用チーズ…60g
粉チーズ…少々
オリーブオイル　トマトケチャップ
ウスターソース　塩　こしょう
バター

【初めにしておくこと】
・かぼちゃは種とわたを取り除き、皮をざっとむいて一口大に切る。
・玉ねぎはみじん切りにする。

1.

かぼちゃは耐熱のボールに入れて水少々をふり、ラップをふんわりとかけて電子レンジで3分ほど加熱する。竹串がすーっと通るくらいになったらフォークでつぶし、温かいうちにマッシュかぼちゃ用の材料を順に入れてなめらかに混ぜる。

2.

フライパンにオリーブオイル小さじ2を弱火で熱し、玉ねぎとにんにくを1分30秒ほど炒める。しんなりしたらひき肉を加えて中火にし、2分ほど炒める。トマトケチャップ大さじ2、ウスターソース小さじ1、塩、こしょう各少々を加えて混ぜる。

焼く前

耐熱の器2個に薄くバターを塗る。ひき肉を敷き、マッシュかぼちゃを上にのせて平らに広げる。表面がさめたら、ピザ用チーズと粉チーズをふる。

check!

保存するには（冷蔵）

さめたらラップをかけて冷蔵庫へ。
※または温めたオーブントースターで7〜8分焼いてからさまし、ラップをかけて冷蔵庫へ。

あたたメモ

マッシュかぼちゃとひき肉のグラタン

【焼く前の状態なら】
電子レンジで2分ほど温めてからラップをはずし、オーブントースターに入れます。チーズが溶けて焼き色がつくまで7〜8分焼いて、ミトンや軍手をして取り出して。
熱いので鍋敷きや受け皿にのせて食べてください。

【焼いてあれば】
ラップをかけたまま電子レンジで2分30秒ほど加熱します。

鮭のパセリパン粉焼き

にんにく風味のパセリパン粉を
たっぷりのせて、香りよく。
ご飯、パン、ワイン、いずれにも合う味わいです。

Recipe

調理時間	日もち・冷蔵庫	熱量・1人分	塩分・1人分
15分	2日	288kcal	1.2g

材料（2人分）

生鮭の切り身 … 2切れ（約200g）
エリンギ … 1本（約50g）
赤パプリカ … ½個
◎パセリパン粉
　パン粉 … 大さじ3
　粉チーズ … 大さじ2
　パセリのみじん切り … 大さじ2
　にんにくのすりおろし
　　… ½かけ分

塩　こしょう　オリーブオイル

【 初めにしておくこと 】
・エリンギは長さを半分に切って縦に薄切りにする。
・パプリカはへたと種を取り除き、横に薄切りにする。
・パセリパン粉の材料を混ぜ合わせる。
・鮭に塩小さじ¼、こしょう少々をふる。

1.

フライパンにオリーブオイル大さじ½を中火で熱し、鮭を入れて2分ほど焼き、裏返す。

2.

鮭を片側に寄せ、あいているところにエリンギとパプリカを入れてときどき返しながら2分ほど焼く。

焼く前

耐熱の器2個に薄くオリーブオイルを塗る。エリンギとパプリカを広げ、鮭を1切れずつのせる。パセリパン粉をふり、オリーブオイルを大さじ½ずつ回しかける。

52
—
53

check!
- -
保存するには（冷蔵）

さめたらラップをかけて冷蔵庫へ。
※または温めたオーブントースターで7〜8分焼いてからさまし、ラップをかけて冷蔵庫へ。

あたたメモ

鮭のパセリパン粉焼き

【 焼く前の状態なら 】
電子レンジで1分ほど温めてからラップをはずし、
オーブントースターに入れます。パン粉に焼き色がつくまで
5〜6分焼いて、ミトンや軍手をして取り出して。
熱いので鍋敷きや受け皿にのせて食べてください。

【 焼いてあれば 】
ラップをかけたまま電子レンジで2分ほど加熱します。

チキンライスのドリア

ケチャップ味で炒めたチキンライスに、
たっぷりのホワイトソースをかけて洋食屋さん風に。
ソースは電子レンジで作るから手軽です。

Recipe

材料（2人分）

温かいご飯 … 茶碗2杯分（約300g）
鶏もも肉 … 1/3枚（約80g）
玉ねぎの粗いみじん切り … 1/4個分
にんじん … 1/4本
グリーンピース（冷凍）… 60g

◎ホワイトソース
　バター … 大さじ2
　小麦粉 … 大さじ3
　牛乳 … 1½カップ
　塩 … 小さじ1/4
　こしょう … 少々
ピザ用チーズ … 40g
バター　塩　こしょう
トマトケチャップ

【 初めにしておくこと 】

・鶏肉は余分な脂肪を取り除き、一口大に切る。
・にんじんは皮をむいて1cm角に切る。
・ホワイトソースを作る。

①耐熱のボールにバターを入れ、小麦粉を茶こしを通してふるい入れる。ラップをせずに電子レンジで20秒ほど加熱し、泡立て器でよく混ぜる。②牛乳を少しずつ加えて溶きのばし、ラップをせずに再び電子レンジで1分30秒加熱してよく混ぜる。同様に加熱しては混ぜる、を2回繰り返し、なめらかになったら塩、こしょうを加えて混ぜる。表面にぴったりとラップをはりつけておく。

1.

フライパンにバター小さじ1を中火で溶かし、鶏肉を2分30秒ほど炒める。玉ねぎ、にんじん、凍ったままのグリーンピースを加えて2分ほど炒め、塩、こしょう各少々を加える。

2.

片側に寄せ、あいているところにトマトケチャップ大さじ4〜5を加え、煮立つまで炒める。ご飯を加えて全体を大きく混ぜながら炒め、塩、こしょう各少々で味をととのえる。

焼く前

耐熱の器2個に薄くバターを塗り、チキンライスを入れる。ホワイトソースをよく混ぜてからかけ、表面がさめたらチーズをふる。

check!

保存するには（冷蔵）

さめたらラップをかけて冷蔵庫へ。
※または温めたオーブントースターで8〜10分焼いてからさまし、ラップをかけて冷蔵庫へ。

あたたメモ

チキンライスのドリア

【 焼く前の状態なら 】
電子レンジで2分30秒温めてからラップをはずし、オーブントースターへ。焼き色がつくまで7〜8分焼いて、ミトンや軍手をして取り出して。熱いので鍋敷きや受け皿にのせて食べてください。

【 焼いてあれば 】
ラップをかけたまま電子レンジで3〜4分加熱します。

めかじきとアスパラの
マスタードしょうゆ焼き

骨がなくて食べやすいめかじきの切り身は、
子ども用にも最適。焼いたトマトから出る汁を
マスタードソースとともにからめていただきます。

Recipe

⏱ 調理時間	🍱 日もち・冷蔵庫	🍴 熱量・1人分	🧂 塩分・1人分
15分	1〜2日	293kcal	1.9g

材料（2人分）

めかじきの切り身
　…2切れ（約200g）
グリーンアスパラガス … 4本
プチトマト … 6個
スライスチーズ（溶けるタイプ）
　…1枚

◎マスタードソース
　粒マスタード … 大さじ1
　はちみつ … 小さじ2
　しょうゆ … 小さじ1
塩　こしょう　オリーブオイル

【 初めにしておくこと 】
・アスパラは根元を切って下⅓の皮をむき、
　長さ3cmに切る。
・プチトマトはへたを取って横半分に切る。
・めかじきは塩小さじ¼、こしょう少々をふる。

1.

マスタードソースを作る。小さめの器に粒マスタードを入れ、はちみつ、しょうゆを順に加えて溶きのばす。

2.

フライパンにオリーブオイル大さじ1を中火で熱し、アスパラとめかじきを入れて両面を1〜2分ずつ焼く。

焼く前

耐熱の器2個に薄くオリーブオイルを塗る。めかじきを1切れずつのせ、周囲にアスパラとトマトを盛る。マスタードソースを全体にかけ、チーズを半分に切ってめかじきにのせる。

check!

保存するには（冷蔵）

さめたらラップをかけて冷蔵庫へ。
※または温めたオーブントースターで5〜6分焼いてからさまし、ラップをかけて冷蔵庫へ。

あたたメモ

めかじきとアスパラのマスタードしょうゆ焼き

【 焼く前の状態なら 】
電子レンジで1分ほど温めてからラップをはずし、
オーブントースターに入れます。チーズが溶けるまで4〜5分焼いて、
ミトンや軍手をして取り出して。
熱いので鍋敷きや受け皿にのせて食べてください。

【 焼いてあれば 】
ラップをかけたまま電子レンジで2分ほど加熱します。

照り焼きチキンと
ポテトの和風グラタン

ほくほくのじゃがいもに、
つやよく焼いた鶏肉をのせてボリューム満点。
こくのあるみそマヨネーズ味が
くせになるおいしさです。

Recipe

材料（2人分）

鶏もも肉…1枚（約250g）
じゃがいも…3個（約450g）
◎たれ
　しょうゆ…大さじ1½
　砂糖、みりん…各小さじ2
　酒…大さじ1

◎みそマヨネーズ
　みそ…小さじ2
　マヨネーズ…大さじ4
　好みで一味唐辛子…少々
塩　こしょう　サラダ油

【 初めにしておくこと 】
・鶏肉は余分な脂肪を取り除き、一口大に
　切る。塩、こしょう各少々をふる。
・たれの材料を混ぜ合わせる。

1.

じゃがいもは洗い、水けを拭かずに
1個ずつラップに包む。電子レンジ
で8分ほど加熱し、粗熱が取れたら
ふきんで包んで皮をむく。ボールに
入れてフォークで粗くつぶす。みそ
マヨネーズの材料を混ぜ合わせる。

2.

フライパンにサラダ油小さじ2を中
火で熱し、鶏肉を皮目を下にして入
れ、3分ほど焼く。裏返してさらに
3分ほど焼き、たれを回し入れて1
分ほど、つやが出るまで煮からめる。

焼く前

耐熱の器2個に薄くサラダ油を塗る。
じゃがいもを入れて鶏肉をのせ、フ
ライパンに残ったたれも全体にかけ
る。みそマヨネーズをスプーンで線
を描くようにかける。

check!

保存するには（冷蔵）

さめたらラップをかけて冷蔵庫へ。
※または温めたオーブントース
ターで7～8分焼いてからさまし、
ラップをかけて冷蔵庫へ（途中、表
面が焦げそうになったらアルミホ
イルをかぶせる）。

あたたメモ

照り焼きチキンとポテトの和風グラタン

【 焼く前の状態なら 】
電子レンジで2分ほど温めてからラップをはずし、
オーブントースターに入れます。薄く焼き色がつくまで4～5分焼いて、
ミトンや軍手をして取り出して。熱いので鍋敷きや受け皿にのせて
食べてください。好みで焼きのりをちぎってのせてください。

【 焼いてあれば 】
ラップをかけたまま電子レンジで3分ほど加熱します。
好みで焼きのりをちぎってのせてください。

さわらとキャベツの
ごまマヨ焼き

白いご飯にもぴったりの和風味の
こんがりおかずです。材料の下ごしらえは、
まとめてレンジで OK なので、とっても簡単。

Recipe

材料（2人分）

さわらの切り身 … 2切れ（約200g）
キャベツの葉（大）… 2枚（約160g）
しめじ … 1パック（約100g）
◎ごまマヨネーズ
　マヨネーズ … 大さじ3
　白すりごま … 大さじ2
　にんにくのすりおろし … 少々
塩　こしょう　酒　オリーブオイル

【 初めにしておくこと 】

・キャベツは堅いしんの部分を取り除き、小さめの一口大に切る。
・しめじは石づきを切って小房に分ける。
・さわらは一切れを3等分に切り、塩、こしょう各少々をふる。

1.

ごまマヨネーズを作る。小さめのボールにマヨネーズを入れ、すりごまとにんにくを加えて混ぜる。

2.

耐熱皿にキャベツとしめじを広げ、さわらをのせる。酒大さじ1、オリーブオイル小さじ2をふり、ふんわりとラップをかけて電子レンジで3分ほど加熱する。粗熱が取れたらラップをはずし、皿に出た水けをきる。

焼く前

耐熱の器2個に薄くオリーブオイルを塗る。キャベツとしめじを広げ、さわらをのせる。ごまマヨネーズをかける。

check!

保存するには（冷蔵）

さめたらラップをかけて冷蔵庫へ。
※または温めたオーブントースターで4〜5分焼いてからさまし、ラップをかけて冷蔵庫へ。

あたたメモ

さわらとキャベツのごまマヨ焼き

【 焼く前の状態なら 】
電子レンジで1分ほど温めてからラップをはずし、
オーブントースターに入れます。
薄く焼き色がつくまで5〜6分焼いて、ミトンや軍手をして取り出して。
熱いので鍋敷きや受け皿にのせて食べてください。

【 焼いてあれば 】
ラップをかけたまま電子レンジで2分ほど加熱します。

バターしょうゆご飯の
トマトドリア

大豆と刻んだ小松菜がたっぷり入った栄養満点のご飯。
ソースは作らず輪切りのトマトをのせて
そのまま焼きます。

Recipe

材料（2人分）

温かいご飯 … 茶碗2杯分（約300g）

大豆（ドライパック）… 100g

ベーコン … 3枚

小松菜 … 2株（約80g）

トマト（小）… 1個（約100g）

ピザ用チーズ … 60g

オリーブオイル　塩　しょうゆ

こしょう　バター　パン粉

【 初めにしておくこと 】

・小松菜は根を切って根元に十文字の切り
　込みを入れ、長さ1cmに切る。

・ベーコンは幅1cmに切る。

・トマトはへたを取り除き、横に8等分の薄
　い輪切りにする。

1.

フライパンにオリーブオイル小さじ
1を中火で熱し、ベーコンと大豆を
1分30秒〜2分炒める。小松菜を加
えてさっと炒める。

2.

ご飯を加えて木べらでほぐしなが
ら炒め、ぱらりとしたら塩小さじ
⅓、しょうゆ小さじ1、こしょう少々、
バター大さじ1を加えて大きく混ぜ
てからめる。

焼く前

耐熱の器2個に薄くオリーブオイル
を塗る。ご飯を入れて、トマトを広
げてのせる。ピザ用チーズをのせて
パン粉少々をふり、バターを小さじ
½ずつ小さくちぎってのせる。

check!

保存するには（冷蔵）

さめたらラップをかけて冷蔵庫へ。
※または温めたオーブントース
ターで7〜8分焼いてからさまし、
ラップをかけて冷蔵庫へ。

あたたメモ

バターしょうゆご飯のトマトドリア

【 焼く前の状態なら 】

電子レンジで2分ほど温めてからラップをはずし、
オーブントースターに入れます。チーズが溶けて焼き色がつくまで
7〜8分焼いて、ミトンや軍手をして取り出して。
熱いので鍋敷きや受け皿にのせて食べてください。

【 焼いてあれば 】

ラップをかけたまま電子レンジで3分30秒〜4分加熱します。

メインに添えたい スープ&汁もの

食卓に一品あるとほっとする、
温かいスープや汁もの。鍋に用意しておけば、
好きなときに温めなおして食べられます。
具だくさんで栄養価の高いものを用意して、
おうちごはんの充実を。
こんがりおかずとの組み合わせもおすすめです。

【P64〜65の保存方法・日もち】さめたらふたをして鍋ごと冷蔵庫へ。2〜3日保存可能。

簡単ミネストローネ

トマト系スープを代表する
人気メニューを、手軽にアレンジ。
ベーコンがうまみ出しに役立ちます。

材料（2〜3人分）　⅓量で141kcal、塩分1.4g

キャベツの葉 … 3〜4枚（約200g）　玉ねぎ … ¼個
ベーコン … 3枚　にんにく … ½かけ
カットトマト缶詰（400g入り）… ½缶
オリーブオイル　しょうゆ　塩　こしょう　砂糖

1　キャベツはしんの堅い部分を取り除き、2cm四方
に切る。玉ねぎは1cm四方に切る。にんにくはしん
を取り除いてつぶす。ベーコンは幅1cmに切る。
2　鍋にオリーブオイル小さじ2とにんにくを入れて
中火で熱し、香りが立ったらベーコンとキャベツ、玉
ねぎを入れてさっと炒める。
3　カットトマトと水2カップを加え、ふたをして弱め
の中火にし、15分ほど煮る。しょうゆ小さじ1、塩小
さじ⅓、こしょう、砂糖各少々を加えて混ぜる。

材料（2〜3人分）　⅓量で103kcal、塩分1.2g

豚こま切れ肉 … 80g　しょうが … ½かけ
大根 … 70g　だし汁 … 2カップ
わかめ（塩蔵）… 5g
ごま油　みそ

1 わかめはさっと洗って水に5分ほどつけてもどし、水けをきって食べやすく切る。大根は皮をむき、縦4等分に切ってから、幅7mmのいちょう切りにする。しょうがは皮をむいてせん切りにする。豚肉は大きければ食べやすく切る。
2 鍋にごま油小さじ1としょうがを入れて弱火で熱し、香りが立ったら豚肉と大根を加えて中火にし、さっと炒める。だし汁を注ぎ、煮立ったらアクを取り除いて弱めの中火にする。ふたをして10分ほど煮る。大根が柔らかくなったらみそ小さじ4を溶き入れ、わかめを加える。

大根とわかめの豚汁

具をいろいろそろえなくても、
相性のよい組み合わせなら
味がばっちり決まります。
しょうがの香りをきかせて。

中華風かきたまスープ

口当たりのよい、
豆腐とふわふわ卵のスープ。
しっかり味のメインにも合う、
やさしい味わいです。

材料（2〜3人分）　⅓量で93kcal、塩分1.1g

卵 … 2個　絹ごし豆腐 … ½丁（約150g）
えのきだけ … ½袋（約50g）　にんじん … 30g
鶏ガラスープの素（顆粒）… 小さじ⅓
塩　こしょう　しょうゆ　片栗粉

1 卵は割りほぐす。豆腐は1cm角に切る。えのきは根元を切って長さ1.5cmに切り、ほぐす。にんじんは皮をむいてせん切りにする。
2 鍋に水2カップとスープの素を入れて混ぜ、中火にかける。煮立ったらえのき、にんじん、豆腐を加え、再び煮立ったら弱火にしてふたをし、3〜4分煮る。
3 塩小さじ¼、こしょう少々、しょうゆ小さじ1を加えて混ぜ、中火にして片栗粉大さじ½を水大さじ1で溶いて加え、とろみをつける。溶き卵を菜箸を伝わせて回し入れ、卵がふんわりと浮いたらすぐに火を止める。

材料（2〜3人分）　⅓量で127kcal、塩分0.8g

かぼちゃ … ⅛個（約200g）　玉ねぎ … ¼個
牛乳 … 1カップ
バター　塩　こしょう

1 かぼちゃは種とわたを取り除き、皮をむいて横半分に切ってから縦に幅5mmに切る。玉ねぎは縦に薄切りにする。
2 鍋にバター大さじ1½を弱火で溶かし、1を入れて中火にして1分ほど炒める。塩少々をふってふたをし、弱火にして5分ほど蒸し煮にする。
3 水1カップを加えて中火にし、ときどき混ぜながら5分ほど煮る。かぼちゃを木べらでざっとつぶし、牛乳を注ぐ。煮立ったら塩、こしょう各少々で味をととのえる。

かぼちゃのポタージュ

かぼちゃ好きにはたまらない、
自然な甘みのポタージュ。
鍋の中でざっとつぶして作るから、
ミキサーいらずです。

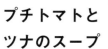

マグで作る注ぐだけスープ

いつでも食べられる1人分のスープがあれば、晩ごはんだけでなく、間食や夜食にもとっても便利。熱湯を注ぐだけでできるマグスープは、用意するのも食べるのもラクチンです。塾通いの子どもの「つなぎ食」にもおすすめ。

◎基本の作り方&食べ方(1〜2日保存可能)
【作り方】「材料」をすべて耐熱のマグカップに入れてラップをかけ、冷蔵庫に入れる。
【食べ方】ポットから沸かしたての熱湯約1カップを注ぎ、よく混ぜて食べる。

プチトマトとツナのスープ

材料(1人分) 94kcal、塩分1.2g

プチトマト … 3個(横半分に切る)
ツナ缶詰(55g入り)… ½缶
　(缶汁をきってほぐす)
セロリの茎 … ¼本分
　(筋を取って斜めにごく薄く切る)
洋風スープの素(顆粒)… 小さじ⅓
塩、こしょう … 各少々

白菜とコーンの中華スープ

材料(1人分) 70kcal、塩分2.0g

白菜の葉(柔らかい部分)… ¼枚
　(約30g、長さ4cmの細切りにする)
ハム … 1枚(半分に切って細切りにする)
ホールコーン(缶詰)… 大さじ2(約30g)
鶏ガラスープの素(顆粒)… 小さじ⅓
塩、こしょう … 各少々
しょうゆ … 小さじ1

ブロッコリーとかにかまのみそスープ

材料(1人分) 69kcal、塩分1.8g

みそ玉(下記参照)… 1食分
かに風味かまぼこ … 1本
　(幅1cmに切る)
ブロッコリー… 1〜2房
　(約30g、食べやすく切ってラップに包み、
　　電子レンジで30秒加熱する)

ほうれん草とチーズのみそスープ

材料(1人分) 94kcal、塩分1.8g

みそ玉(下記参照)… 1食分
ほうれん草 … 1株
　(根を切って熱湯でさっとゆで、
　　水けを絞って長さ2cmに切る)
ピザ用チーズ … 10g

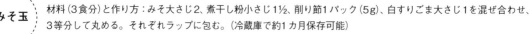

みそ玉 材料(3食分)と作り方:みそ大さじ2、煮干し粉小さじ1½、削り節1パック(5g)、白すりごま大さじ1を混ぜ合わせ、3等分して丸める。それぞれラップに包む。(冷蔵庫で約1カ月保存可能)

Part.

3

週末に作って安心
自家製冷凍食品

時間をかけられる週末は、
平日の安心材料になる冷凍おかずを作りましょう。
まとめて用意して半分はそのまま土日の夕食に。
一度の調理でストック分も確保できて、
得した気分になれます。

week
end

「自家製冷凍食品」は、頼れる。

朝も夜も時間がない、食材もまったく買っていない、
そんなときの救世主となるのが「自家製冷凍食品」の存在。
週末に数食分をまとめて作っておけば、どんなに余裕がないときでも、
晩ごはんに困ることがありません。
カレーやハンバーグ、ミートソース、牛丼の素……など、
温めて食べるのが楽しみなラインナップなら、
家族も喜んでくれるはず。いそがしい平日はもちろん、
旅行に出かけるときの「お留守番ごはん」にも、きっと役立ちます。

❗ 温めなおし用「自家製冷凍食品」のポイント

冷凍しても
おいしさが変わらない

いも類や葉野菜など、冷凍に向かない素材は避け、状態が変わりにくい食材を使っています。おいしさを長時間キープするためには、野菜を小さめに切るのもコツ。どれも冷凍庫で2週間ほど保存できます。

解凍しやすい

小分けにしやすいメニューを選んでいるので、1食分ずつ解凍しやすくなっています。加熱むらが起きにくいよう、素材を上手に組み合わせました。

Point

ボリュームがあって
メインになる

メインのおかずになるよう、肉や魚などのたんぱく質をしっかり入れています。食べごたえがあるので、一品あればひとまず安心できます。

家族に人気の
メニューである

たとえ冷凍用にパックされていても、人気のメニュー名が書いてあれば、食べる人もうれしいもの。家族にもわかりやすい、テッパンおかずを集めました。

❓ 上手に保存＆温めなおすには

朝、
冷蔵庫へ

すぐに温められるように、食べる日の朝に冷蔵庫へ移して自然解凍しておきます。水滴が落ちるので、保存袋ごとバットなどに入れて。旅行で留守にするときも「夜食べる分は、朝冷蔵庫に移動させてね」と家族に伝えましょう。
※炊き込みご飯系は凍ったまま温めるので、自然解凍は不要です。

耐熱容器
で温める

おかず類は耐熱のボールや皿に移し、ラップをふんわりとかけます。各ページの「あたたメモ」を目安に電子レンジで温めて。耐熱の保存袋なら、袋のままでもレンジ加熱できますが、盛るときに熱いので、ボールや皿に移すほうがおすすめ。炊き込みご飯系は、凍ったままラップに包んだ状態で温めてOKです。

ひよこ豆入りキーマカレー

にんじん、ピーマン、トマト入りで野菜の甘みいっぱい。
ほくほくしたひよこ豆は、
食べごたえ UP にも貢献してくれます。

Recipe

材料 (4〜5食分)

豚ひき肉… 400g

ひよこ豆 (ドライパック) … 200g

玉ねぎ … 1個

にんじん … 1本 (約150g)

ピーマン … 2個

カットトマト缶詰 (400g 入り)
　… 1缶

しょうが、にんにく … 各1かけ

カレー粉 … 大さじ4

赤唐辛子… ½〜1本

オリーブオイル　トマトケチャップ

ウスターソース　塩　こしょう

【 初めにしておくこと 】

・玉ねぎはみじん切りにする。

・にんじんは皮をむいてみじん切りにする。

・ピーマンは縦半分に切ってへたと種を取り除き、5mm 四方に切る。

・しょうがは皮をむき、にんにくとともにみじん切りにする。

・赤唐辛子はへたを取って種を出す。

1.

厚手の鍋にオリーブオイル大さじ1としょうが、にんにくを入れて中火で熱し、香りが立ったら玉ねぎとにんじん、ピーマンを加えて4〜5分、じっくりと炒める。唐辛子とカレー粉を加えてさらに炒め、香りが立ったらひき肉を入れてほぐしながら炒める。

2.

肉の色が変わったらトマトと水1カップを加えて混ぜ、煮立ったらひよこ豆を加える。再び煮立ったら弱火にしてふたをし、15分ほど煮る。

3.

トマトケチャップ、ウスターソース各大さじ1、塩小さじ1弱、こしょう適宜を加え、味をととのえる。

check!

冷凍保存・食べるときは

さめたら1食分ずつファスナーつきの冷凍用保存袋に入れ、平らにして袋の口を閉じて冷凍庫へ。食べる日の朝に袋ごと冷蔵庫に移し、自然解凍する。

あたたメモ

ひよこ豆入りキーマカレー

電子レンジで温めて、ご飯にかけて食べてください。

耐熱のボールに移し、ラップをふんわりとかけて電子レンジで
2〜3分温めてください (途中で1回取り出して、全体を混ぜて)。

洋食屋さん風
煮込みハンバーグ

柔らかめの生地をふっくらと焼き、
こくのあるドミグラスソースで煮込みます。
肉がパサつきにくく、ご飯にも合う味わいです。

Recipe

材料（4食分）

◎たね
　合いびき肉 … 500g
　玉ねぎ … ½個
　卵 … 2個
　パン粉 … ½カップ
　牛乳 … 大さじ4
　塩 … 小さじ½
　こしょう … 少々
赤ワイン … 大さじ3

◎煮汁
　水 … 1カップ
　ドミグラスソース缶詰
　　（290g入り）… 1缶
　砂糖 … ひとつまみ
サラダ油　トマトケチャップ
ウスターソース

【 初めにしておくこと 】
・たね用の玉ねぎをみじん切りにする。

1.

たねを作る。ボールにたねの材料を
すべて入れ、粘りが出るまでよく練
り混ぜる。手のひらにサラダ油少々
を塗り、4等分して両手のひらに数
回投げつけ、空気を抜く。

2.

フライパンにサラダ油小さじ2を中
火で熱し、ハンバーグを入れて両面
に焼き色がつくまで2分ずつ焼く。
フライパンの脂をペーパータオルで
拭き、赤ワインを入れる。

3.

煮立ったら煮汁の材料を加えて混ぜ、
再び煮立ったら弱めの中火にし、ふ
たをして10分ほど煮る（途中、一度
ハンバーグの上下を返す）。ふたを
取ってトマトケチャップ、ウスター
ソース各大さじ1を加えて混ぜる。

check! --

冷凍保存・食べるときは

さめたら煮汁ごと1食分ずつファ
スナーつきの冷凍用保存袋に入
れ、空気を抜いて袋の口を閉じ、冷
凍庫へ。食べる日の朝に袋ごと冷
蔵庫に移し、自然解凍する。食べ
るときはマッシュポテト（P94）や、
ブロッコリー（P92）などのつけ合
わせを添えても。

あたたメモ

洋食屋さん風煮込みハンバーグ

電子レンジで温めて、好みでつけ合わせの野菜を添えて、
ご飯またはパンといっしょに食べてください。

煮汁ごと耐熱のボールか皿に移し、ラップをふんわりとかけて
電子レンジで3〜4分温めてください
（途中で1回取り出して、上下を返して）。

きのこたっぷり
ミートソース

マッシュルームをたっぷり入れて味わい深く。
スパゲティにかけて食べるのはもちろん、
野菜のグラタンなどのソースにも便利です。

Recipe

材料（4〜5食分）

合いびき肉 … 400g

マッシュルーム
　… 2パック（約200g）

セロリの茎 … ½本分（約50g）

玉ねぎ … ½個

にんにく … 1かけ

カットトマト缶詰（400g入り）
　… 1缶

赤ワイン … ¼カップ

オリーブオイル　小麦粉

トマトケチャップ　塩　こしょう

【 初めにしておくこと 】

・マッシュルームは石づきを切って粗いみじん切りにする。

・セロリは筋を取り除き、粗いみじん切りにする。

・玉ねぎはみじん切りにする。

・にんにくはみじん切りにする。

1.

厚手の鍋にオリーブオイル大さじ2を中火で熱し、にんにく、玉ねぎ、マッシュルーム、セロリを炒める。ときどきふたをして、混ぜながら、しんなりするまで5分ほど炒める。

2.

ひき肉を加えて木べらでほぐしながら2分ほど炒める。肉の色が変わってぽろぽろになったら、小麦粉大さじ2をふって粉けがなくなるまで炒める。赤ワインを加え、煮立てる。

3.

カットトマト、トマトケチャップ大さじ2〜3、水1カップ、塩小さじ½を加えて混ぜる。再び煮立ったら弱めの中火にし、少しずらしてふたをして、30〜40分煮る（途中、ときどき混ぜる）。塩小さじ½弱、こしょう少々で味をととのえる。

check! ----------

冷凍保存・食べるときは

さめたら1食分ずつファスナーつきの冷凍用保存袋に入れ、平らにして袋の口を閉じて冷凍庫へ。食べる日の朝に袋ごと冷蔵庫に移し、自然解凍する。食べるときはパスタを人数分（1人分80〜100g）ゆでる。粉チーズをふっても。

あたたメモ

きのこたっぷりミートソース

電子レンジで温めてゆでたパスタにかけ、粉チーズをふって食べてください。

パスタ ⇒　鍋に湯1ℓを沸かし、塩大さじ½とパスタを入れて袋の表示時間どおりにゆでます。
　　　　　ざるに上げてゆで汁をきり、器に盛ります。

ソース ⇒　ミートソースは耐熱のボールに移し、
　　　　　ラップをふんわりとかけて電子レンジで
　　　　　2〜3分温めてください
　　　　　（途中で1回取り出して、全体を混ぜて）。

牛丼の素

お店でも人気のメニューを自家製で。
玉ねぎやしめじを多めに入れた軽めの味が、
手作りならではの魅力です。
汁がしみたご飯もおいしい。

Recipe

材料（4食分）

牛切り落とし肉 … 400g

玉ねぎ … 1個

しめじ … 1パック（約100g）

◎煮汁

　| だし汁 … 1½カップ

　| しょうゆ … 大さじ4

　| 酒、みりん … 各大さじ2

サラダ油　砂糖

【 初めにしておくこと 】

・玉ねぎは縦半分に切ってから縦に薄切り
　にする。

・しめじは石づきを切って小房に分ける。

・牛肉は大きければ食べやすく切る。

1.

フライパンにサラダ油大さじ1を中火で熱し、牛肉をさっと炒める。肉の色が変わりはじめたら、砂糖大さじ2をふりかけ、砂糖が溶けて少し焦げるまで肉を返しながら焼く。

2.

煮汁の材料を加え、煮立ったら玉ねぎとしめじを加える。

3.

中火のまま4〜5分、煮汁が最初の⅔量くらいになるまで煮る。

check!

冷凍保存・食べるときは

さめたら煮汁ごと1食分ずつファスナーつきの冷凍用保存袋に入れ、平らにして袋の口を閉じて冷凍庫へ。食べる日の朝に袋ごと冷蔵庫に移し、自然解凍する。食べるときは紅しょうがを添える。

あたたメモ

牛丼の素

電子レンジで温めて温かいご飯に汁ごとかけ、
紅しょうがをのせて食べてください。

煮汁ごと耐熱のボールに移し、ラップをふんわりとかけて電子レンジで
2分〜2分30秒温めてください（途中で1回取り出して、全体を混ぜて）。

豚肉のロール照り焼き

彩りも華やかな野菜の巻き巻きおかずを、
みんなが大好きな照り焼き味で。
1本ずつ冷凍しておけば、おべんとうのおかずにも便利です。

Recipe

調理時間 20分	日もち・冷凍庫 2週間	熱量・2本分 260kcal	塩分・2本分 1.2g

材料（8本分）

豚ロース薄切り肉
　… 16枚（約280g）
さやいんげん … 16本
にんじん … ½本（約75g）

◎たれ
| 酒、しょうゆ、みりん
　… 各大さじ1½
| 砂糖 … 大さじ1
塩　こしょう　小麦粉　サラダ油

【 初めにしておくこと 】

・さやいんげんはへたを切って斜め薄切りにする。
・にんじんは皮をむいて長さを半分に切り、せん切りにする。
・たれの材料を混ぜ合わせる。

1.

豚肉は2枚一組にして、少し重ねてまな板に縦長に広げる。塩、こしょう各少々をふり、小麦粉を茶こしを通して薄くふる。中心よりもやや手前にいんげんとにんじんを等分にのせて、手前からくるくると巻く。巻き終わりを下にしておく。

2.

フライパンにサラダ油小さじ2を中火で熱し、**1**を巻き終わりを下にして並べ入れる。ころがしながら4〜5分焼き、全体に焼き色をつける。

3.

たれを回し入れ、豚肉ロールの上下を返しながら、つやが出てとろりとするまで1〜2分煮からめる。

check!

冷凍保存・食べるときは

さめたらたれをしっかりからめて1本ずつラップで包む。さらにファスナーつきの冷凍用保存袋に入れ、空気を抜いて袋の口を閉じて冷凍庫へ。食べる日の朝にラップまたは袋ごと冷蔵庫に移し、自然解凍する。

あたたメモ

豚肉のロール照り焼き

電子レンジで温めて、ご飯といっしょに食べてください。

ラップをはずして耐熱皿にのせます。
ラップをふんわりとかけて、電子レンジで3〜4本なら1分20〜30秒、1〜2本なら40〜50秒加熱してください。

あんかけ焼きそばの素

八宝菜風のとろみのある炒めものを、
パリパリの揚げ麺にかけていただきます。
ご飯にかけて中華丼風にするのもおすすめ。

Recipe

材料（4食分）

豚バラ薄切り肉
　（またはこま切れ肉）… 150g
むきえび … 120g
たけのこの水煮
　… ½個（約100g）
にんじん … ½本（約75g）
生しいたけ … 4個
ねぎ … 1本
しょうがのせん切り … 1かけ分

◎スープ
　水 … 2½カップ
　しょうゆ … 小さじ2〜3
　酒 … 小さじ2
　鶏ガラスープの素（顆粒）
　　… 小さじ1
　塩 … 小さじ⅓
　こしょう … 少々
塩　こしょう　サラダ油　片栗粉

【 初めにしておくこと 】

・にんじんは皮をむいて長さを半分に切り、
　縦に幅1cmの薄切りにする。
・たけのこは一口大の薄切りにする。
・生しいたけは石づきを切って薄切りにする。
・ねぎは幅1cmの斜め切りにする。
・豚肉は幅2cmに切り、塩、こしょう各少々
　をふる。
・えびは背わたがあれば取り除き、洗って
　水けを拭く。
・スープの材料を混ぜ合わせる。

1.

フライパンにサラダ油小さじ2を中火で熱し、えびと豚肉、しょうがをさっと炒める。にんじん、たけのこ、ねぎ、しいたけを加えて2分ほど炒め合わせる。

2.

スープを注ぎ、煮立ったらアクを取り除いて弱めの中火にし、2分ほど煮る。

3.

片栗粉大さじ1を水大さじ2で溶いて回し入れ、とろみをつける。

80
81

check!

冷凍保存・食べるときは

さめたら汁ごと1食分ずつファスナーつきの冷凍用保存袋に入れ、平らにして袋の口を閉じて冷凍庫へ。食べる日の朝に袋ごと冷蔵庫に移し、自然解凍する。市販の揚げ麺にかけ、練り辛子を添える。

あたたメモ

あんかけ焼きそばの素

電子レンジで温めて、揚げ麺にかけて食べてください。
好みで辛子をつけて食べるとおいしいです。

汁ごと耐熱のボールに移し、ラップをふんわりとかけて電子レンジで
2分〜2分30秒温めてください（途中で1回取り出して、全体を混ぜて）。

大豆入り豚の角煮

ほろりとくずれるくらい柔らかく煮た豚バラ肉は、
それだけでごちそう。
大豆をいっしょに煮て肉のうまみをしっかり含ませます。

Recipe

調理時間
2時間(注)

日もち・冷凍庫
3週間

熱量・1食分
599kcal

塩分・1食分
2.2g

注：作り方3で角煮をさます時間は除く。

材料（4食分）

豚バラかたまり肉 … 600g
ねぎ … 1本
にんにく、しょうが … 各1かけ
昆布（3×3cm）… 4枚
大豆（ドライパック）… 100g
サラダ油　酒　砂糖　しょうゆ

【 初めにしておくこと 】

・豚肉は横に幅2cmに切る。
・ねぎは長さ4cmに切る。
・にんにくは縦半分に切ってしんを取り、包丁の腹でつぶす。
・しょうがは皮つきのまま薄切りにする。

1.

鍋にたっぷりの湯を沸かし、豚肉を入れる。再び煮立ったら弱めの中火にし、5分ほどゆでる。流水で洗い、ペーパータオルで水けを拭く。

2.

厚手の鍋にサラダ油小さじ1を中火で熱し、豚肉を入れる。ときどき返しながら表面全体に焼き色がつくまで5分ほど焼き、余分な脂をペーパータオルで拭く。ねぎとにんにく、しょうがを加え、酒½カップを回し入れる。煮立ったら水2カップと昆布を加える。再び煮立ったらふたをしてごく弱火にし、1時間ほど煮る。

3.

砂糖、しょうゆ各大さじ3を加えて混ぜ、大豆を入れて20分ほど、ときどき混ぜながら煮る。そのままさまし、表面に脂が固まったら取り除く。再び弱めの中火にかけ、15分ほど煮る。

check!

冷凍保存・食べるときは

さめたら煮汁ごと1食分ずつファスナーつきの冷凍用保存袋に入れ、空気を抜いて袋の口を閉じて冷凍庫へ。食べる日の朝に袋ごと冷蔵庫に移し、自然解凍する。

あたたメモ

大豆入り豚の角煮

電子レンジで温めて、ご飯といっしょに食べてください。

煮汁ごと耐熱のボールに移し、ラップをふんわりとかけて電子レンジで2分ほど温めてください（途中で1回取り出して、全体を混ぜて）。

トマトとチキンのピラフ

うまみの出る鶏胸肉とトマトをいっしょに炊き込んだ、
ほんのりバター風味のピラフ。おいしさはもちろん、
炊飯器におまかせの簡単さもうれしい。

Recipe

	調理時間		日もち・冷凍庫		熱量・⅕量で		塩分・⅕量で
🕐	20分(注)	📦	2週間	🍴	343kcal	🍚	2.1g

注：米をといでざるに上げる時間と、炊飯時間は除く。

材料 （4～5食分）

米 … 2合（360mℓ）
鶏胸肉（大）… 1枚（約250g）
トマト（完熟）… 1個（約150g）
グリーンアスパラガス … 4本
塩　こしょう　酒
しょうゆ　バター

【 初めにしておくこと 】

・米は炊く30分前にとぎ、ざるに上げて水けをきる。
・鶏肉は塩小さじ1½、こしょう少々をふる。
・トマトはへたを取って2cm角に切る。

1.

炊飯器の内がまに米を入れ、酒大さじ2、しょうゆ小さじ1を加える。2合の目盛りよりやや少なめ（すしめし程度）の水を注いでざっと混ぜる。

2.

鶏肉をのせてまわりにトマトをのせ、バター大さじ1を小さくちぎって散らす。混ぜずに普通に炊く。グリーンアスパラガスは根元を切って下⅓の皮をむき、斜め薄切りにする。

3.

ご飯が炊き上がったらアスパラガスを入れ、そのまま10分ほど蒸らす。鶏肉を取り出し、粗熱が取れたら手で粗く裂いて戻し入れ、底からさっくりと混ぜる。

check!

冷凍保存・食べるときは

温かいうちに1食分ずつラップで包んで平らにする。さらにファスナーつきの冷凍用保存袋に入れ、袋の口を閉じて冷凍庫へ。凍ったまま温めなおしOK。

あたたメモ

トマトとチキンのピラフ

電子レンジで温めて食べてください。

袋から出し、凍ったままラップごと電子レンジに入れ、
3分～3分30秒加熱します。

めかじきの甘辛しょうが煮

できたてが身上なイメージの煮魚ですが、
意外にも冷凍保存してもおいしくいただけます。
骨が気にならないめかじきなら、食べやすさも抜群。

Recipe

材料（4食分）

めかじきの切り身
　… 4切れ（約400g）
しょうが … 1かけ
◎煮汁
　水 … 1¼カップ
　酒 … ¼カップ
　砂糖 … 大さじ1½
　しょうゆ、みりん … 各大さじ2

【 初めにしておくこと 】

・しょうがは皮をむいてせん切りにする。
・めかじきは水けを拭く。

1.

フライパンに煮汁の材料としょうが
を入れて強めの中火にかける。煮
立ったらめかじきを加える。

2.

厚手のペーパータオルで落としぶた
をして、5分ほど煮る。

3.

落としぶたを取り、スプーンで煮汁
をめかじきにかけながら、つやが出
てとろりとするまで煮る。

check!

冷凍保存・食べるときは

さめたら煮汁ごと1食分ずつファ
スナーつきの冷凍用保存袋に入れ、
空気を抜いて袋の口を閉じて冷凍
庫へ。食べる日の朝に袋ごと冷
蔵庫に移し、自然解凍する。食べ
るときはつけ合わせ用のゆで野菜
（P92）を添えても。

あたたメモ

めかじきの甘辛しょうが煮
電子レンジで温めて、好みでつけ合わせの野菜を添えて、
ご飯といっしょに食べてください。

煮汁ごと耐熱皿に移し、ラップをふんわりとかけて電子レンジで
1分30秒〜2分温めてください（途中で1回取り出して、上下を返して）。

炊き込みビビンバ

韓国料理で人気の混ぜご飯を、
炊き込みご飯にアレンジ。米の一粒一粒にまで、
こってりしたピリ辛味がしみ込み、くせになるおいしさ。

Recipe

材料（4〜5食分）

米 … 2合（360mℓ）
牛切り落とし肉 … 150g
にんじん … 4cm
大豆もやし … ½袋（約100g）
万能ねぎ … 5本

◎合わせ調味料
コチュジャン、酒 … 各大さじ2
みりん、しょうゆ … 各大さじ1
みそ … 大さじ½
鶏ガラスープの素（顆粒）
　… 小さじ1
にんにくのすりおろし … 少々
ごま油　塩　こしょう

【 初めにしておくこと 】
・米は炊く30分前にとぎ、ざるに上げて水
　けをきる。
・にんじんは皮をむいてせん切りにする。

1.

フライパンにごま油小さじ2を中火で熱し、牛肉を炒める。肉の色が変わったら、塩、こしょう各少々をふり、にんじん、もやしの順に加えて2分ほど炒め合わせ、火を止めて粗熱を取る。

2.

炊飯器の内がまに米を入れる。計量カップに合わせ調味料の材料を混ぜ合わせ、水を注いで2カップにし、内がまに加える。1の具をのせて、混ぜずに普通に炊く。

3.

万能ねぎは根元を切って長さ3〜4cmに切る。ご飯が炊き上がったら、内がまに万能ねぎを加えて、さっくりと混ぜる。

88
89

check! ------------------------------------

冷凍保存・食べるときは

温かいうちに1食分ずつラップで包み、平らにする。さらにファスナーつきの冷凍用保存袋に入れ、袋の口を閉じて冷凍庫へ。凍ったまま温めなおしOK。食べるときは温泉卵をのせ、コチュジャンを添えても。

あたたメモ

炊き込みビビンバ

電子レンジで温めて、好みで温泉卵をのせ、
コチュジャンを好みの量ご飯に混ぜて食べてください。

袋から出し、凍ったままラップごと電子レンジに入れ、
3分〜3分30秒加熱します。

ビーフシチュー

柔らかくなるまでことこと煮込んだ牛肉は、
格別のおいしさ。時間はかかりますが、作り方は意外と単純なので、
一日家にいるときなど、ぜひ挑戦してみて。

Recipe

材料（4〜5食分）

牛肉（煮込み・シチュー用）… 500g
◎漬け込み用
　赤ワイン … 1カップ
　玉ねぎ … 1個
　にんじん … 1/2本（約70g）
　セロリの茎 … 1/2本分（約50g）
トマト（大）… 1個（約200g）
マッシュルーム
　… 1パック（約100g）
ドミグラスソース缶詰（290g入り）
　… 1缶

ローリエ… 1枚
塩　こしょう　小麦粉　サラダ油
バター　砂糖

【 初めにしておくこと 】

・玉ねぎは縦半分に切り、縦に薄切りにする。
・にんじんは皮をむいて薄い半月切りにする。
・セロリは筋を取って薄い小口切りにする。
・牛肉の表面をペーパータオルで拭き、フォークでところどころ刺す。牛肉をポリ袋に入れ、玉ねぎ、にんじん、セロリを加え、赤ワインを注ぐ。袋の口をきつく縛り、冷蔵庫で1時間以上置く。

・マッシュルームは石づきを切り、薄切りにする。
・トマトはへたを取って一口大に切る。

1.

漬けた牛肉をボールで受けたざるに入れて、具と汁に分ける。肉を取り出して塩小さじ1/3、こしょう少々をふって小麦粉を薄くまぶす。厚手の鍋にサラダ油大さじ1を中火で熱し、肉の表面を焼く。漬けた野菜を加え、弱めの中火にして2〜3分炒める。

2.

漬け汁を注ぎ、煮立ってから5分ほど、ときどき混ぜながら煮る。ドミグラスソース、水2カップ、ローリエを加えて混ぜる。再び煮立ったらトマトを加える。

3.

ふたを少しずらしてのせて弱火にし、ときどき混ぜながら約1時間煮る。マッシュルームを加えてさらに1時間ほど煮て、菜箸でつまんだとき、肉が柔らかくなっていればOK。バター大さじ1、塩小さじ1/3〜1/2、砂糖小さじ1/2で味をととのえる。

冷凍保存・食べるときは

check!

さめたら1食分ずつファスナーつきの冷凍用保存袋に入れ、空気を抜いて袋の口を閉じ、冷凍庫へ。食べる日の朝に袋ごと冷蔵庫に移し、自然解凍する。

あたたメモ

ビーフシチュー

電子レンジで温めて、ご飯またはパンといっしょに食べてください。

耐熱のボールに移し、ラップをふんわりとかけて電子レンジで2〜3分温めてください（途中で1回取り出して、全体を混ぜて）。

いそがしい日に便利な

ストック野菜
コレクション

時間のない日は、調理のひと手間がかけられなくて、
野菜不足になってしまいがち。
そんなときに役立つのが、下ごしらえずみの
「ストック野菜」。冷蔵庫や冷凍庫に常備しておけば、
いつでも使えて便利です。
時間差やお留守番のごはんにも役立つものがたくさん。
新鮮なうちに保存できるから、
野菜を無駄なく使いこなせます。

1
グリーン
アスパラガス

2
ほうれん草

3
ブロッコリー

 冷蔵編

ゆで野菜

積極的にとりたい緑黄色野菜は、まとめてゆでて冷蔵
庫へ。肉や魚料理のつけ合わせ、煮もののトッピング、
朝ごはんなどに、役立てて。
【保存方法・日もち】
いずれも密閉容器に入れ、冷蔵庫で1〜2日。

1. グリーンアスパラガス
根元を切って下⅓の皮を薄くむき、長さを4等分に切る。塩
少々を加えた熱湯で2〜3分ゆでる。ざるに広げてさます。
2. ほうれん草
根を切り、根元に十文字の切り込みを入れる。塩少々を加え
た熱湯に根元のほうから入れ、さっとゆでる。冷水にとって
さまし、水けを絞って長さ4cmに切る。
3. ブロッコリー
小房に分け、大きければさらに縦2〜3等分に切る。塩少々を
加えた熱湯で2〜3分ゆでる。ざるに広げてさます。
4. さやいんげん
へたを切って長さを3等分に切り、塩少々を加えた熱湯で2
〜3分ゆでる。ざるに広げてさます。

4
さやいんげん

塩もみ野菜

生野菜は、塩もみすると口当たりがよくなり、いたみにくくなります。マヨネーズやオイルであえればスピーディにサラダが完成。揚げもののつけ合わせにもおすすめです。

【保存方法・日もち】
いずれも密閉容器に入れ、冷蔵庫で1〜2日。

1. キャベツ
しんの堅い部分を取り除き、長さ4cmのせん切りにする。ボールに入れて塩適宜（キャベツ300gに対して小さじ⅓が目安）をふってもみ、5分ほどおく。水けを絞る。

2. きゅうり
斜め薄切りにしてからせん切りにする。ボールに入れて塩適宜（きゅうり3本につき小さじ⅓〜½が目安）をふってもみ、5分ほどおく。水けを絞る。

3. にんじん
皮をむいて長さ4cmのせん切りにし、ボールに入れて塩適宜（にんじん300gに対して小さじ⅓〜½が目安）をふってもみ、5分ほどおく。水けを絞る。

1 キャベツ
2 きゅうり
3 にんじん

1 青菜ミックス
2 香味野菜ミックス
3 キャベツミックス

ミックス野菜

相性のよい数種類の野菜を切って、ファスナーつきの保存袋にセット。サラダや炒めもの、鍋やスープの具などに、そのまま使えて時短になります。

【日もち】
いずれも冷蔵庫で2〜3日。

1. 青菜ミックス
小松菜…1わ（約200g、根元を切って長さ5cmに切る）
玉ねぎ…½個（縦に幅7mmに切る）
合わせて保存袋に入れて口を閉じる。青菜炒め、焼きそばの具、スープやみそ汁に。

2. 香味野菜ミックス
青じその葉…10枚（軸を切って細かくちぎる）
ベビーリーフ…1パック
水菜…1束（約80g、根元を切って長さ3cmに切る）
すべて合わせて冷水にさらし、パリッとしたら水けをしっかりきる。保存袋に入れて口を閉じる。生のままサラダや麺類の薬味などに。

3. キャベツミックス
キャベツ…¼個（約300g、3cm四方に切る）
ピーマン…3個（へたと種を取り除き、2cm四方に切る）
しょうが…1かけ（皮をむいて薄切りにし、1cm四方に切る）
すべて合わせて保存袋に入れ、口を閉じる。野菜炒め、焼きそば、スープの具、回鍋肉（ホイコオロウ）などに。

冷凍編

ペースト野菜

冷凍には向かない、と思われがちないも類や根菜も、
ペースト状にすれば、便利なストック野菜に。どれも、
料理のパーツとして活躍の頻度が高いものばかりです。

【保存方法・日もち】
（熱いものはさましてから）いずれもファスナーつきの冷凍用
保存袋に入れて平らにし、冷凍庫へ。2週間ほど保存可能。

1
大根おろし

2
かぼちゃペースト

4
おろし長いも

3
マッシュポテト

1. 大根おろし
【作り方】大根⅓本（約400g）は皮をむいてすりおろし、ざ
るに入れて水けをかるくきる。
【使い方】凍ったまま使う分ずつ割り、室温で自然解凍する。
揚げものや焼き魚のつけ合わせ、煮もの、あえものなどに。

2. かぼちゃペースト
【作り方】①かぼちゃ（小）¼個（約300g）は種とわたを取り
除き、皮をむいて一口大に切る。水にさっとくぐらせて耐熱
のボールに入れ、ふんわりとラップをかけて電子レンジで4
～5分加熱する。
②マッシャーかフォークでつぶし、熱いうちにバター大さじ2、
牛乳大さじ2～3、塩小さじ¼、こしょう少々を加えて混ぜる。
【使い方】室温または冷蔵庫で自然解凍し、ポタージュやコ
ロッケ、グラタンなどに。

3. マッシュポテト
【作り方】①じゃがいも4個（約600g）は皮をむいて一口大
に切り、水にさっとさらして水けをきる。かぶるくらいの水
とともに鍋に入れて中火にかけ、沸騰後10分ほどゆでる。湯
を捨てて再び中火にかけ、鍋を揺すりながら水分をとばす。
②フォークでつぶして牛乳½カップを加えて溶きのばし、弱
火にかけてとろりとするまで練り混ぜる。火を止めてバター
大さじ3、塩小さじ⅓、こしょう少々を加えて混ぜる。
【使い方】室温または冷蔵庫で自然解凍し、肉料理のつけ合
わせやグラタン、スープなどに。

4. おろし長いも
【作り方】長いも300gは皮をむいてすりおろす。
【使い方】凍ったまま使う分ずつ割り、みそ汁、スープなど
に加えて。室温で自然解凍して、刺し身や納豆とあえても。

1
しょうがのみじん切り

2
パセリのみじん切り

3
万能ねぎの小口切り

4
にんにくのみじん切り

香味野菜

そのつど刻むのがめんどうなにんにく＆しょうが、1束使いきれないパセリや万能ねぎ。それぞれ新鮮なうちにまとめて刻み、冷凍保存して。小分けにしてストックすれば、日々の時短に貢献します。

【保存方法・日もち】
いずれも使う分ずつ小分けにしてラップで包み、さらにファスナーつきの冷凍用保存袋に入れ、冷凍庫へ。2週間ほど保存可能。

【使い方】それぞれ凍ったまま使える。にんにく、しょうがは炒めものや煮もの、パセリや万能ねぎはトッピングや香りづけに加える。

カット野菜

日もちがしないきのこ類や、みじん切りに時間がかかる玉ねぎ、煮ものなどで登場回数が多いトマトも、冷凍しておくといざというときに重宝します。

【保存方法・日もち】
いずれもファスナーつきの冷凍用保存袋に入れて平らにし、空気を抜いて袋の口を閉じ、冷凍庫へ。2週間ほど保存可能。

1. きのこミックス
えのきだけ½袋（約50g）は根元を切って長さを半分に切り、ほぐす。生しいたけ4個は石づきを切って薄切りにする。しめじ1パック（約100g）は石づきを切ってほぐす。
【使い方】凍ったまま炒めものやパスタソース、煮ものなどに入れて加熱する。

2. カットトマト
トマト2個（約300g）はへたを取り除き、2cm角に切る。
【使い方】凍ったまま煮ものやパスタソース、スープなどに入れて加熱する。

3. 玉ねぎのみじん切り
玉ねぎ1個は縦半分に切ってから、すべてみじん切りにする。
【使い方】室温または冷蔵庫で自然解凍し、ひき肉のたねに加えたり、凍ったまま使う分だけ割って炒めもの、煮込み料理などに入れて加熱する。

1
きのこミックス

2
カットトマト

3
玉ねぎのみじん切り

堤 人美 (つつみ ひとみ)

出版社勤務、料理研究家のアシスタントを経て独立。素材の持ち味を生かした作りやすくておいしいレシピにファンが多い。夫の単身赴任中に自家製の冷凍おかずを宅配便で送りつづけた経験があり、実生活でも「温めなおしごはん」の達人。「いっしょに食卓を囲めなくても家族に手作りのものを食べさせたい」という思いから生まれたレシピには、すべてに説得力がある。近著に『ごはんに合う! ぜんぶ、合う! おかずはスープだけ』(新星出版社)など。

1人分ずつ、好きなときに食べられる

温めなおしても
おいしいごはん

2023年2月8日 第1刷発行

発 行 所　株式会社オレンジページ
　　　　　〒108-8357　東京都港区三田1-4-28
　　　　　三田国際ビル
電　　話　ご意見ダイヤル　03-3456-6672
　　　　　販売部
　　　　　(書店専用ダイヤル) 03-3456-6676
　　　　　(読者注文ダイヤル) 0120-580799
発 行 人　鈴木善行

印刷・製本　図書印刷株式会社

Printed in Japan
© ORANGE PAGE

デザイン
福間優子

撮影
澤木央子

スタイリング
阿部まゆこ

イラスト
塩川いづみ

調理アシスタント
植田有香子　中村弘子

熱量・塩分計算
五戸美香 (スタジオナッツ)

編集担当
谷本あや子

＊本書は2015年発行の『家族のための お留守番ごはん』(小社)の内容を一部改訂し、書籍化したものです。